FORUM KULTURWISSENSCHAFTEN 1

Maike Heinrich

Erinnerung in der Wiener Moderne

Psychopoetik und Psychopathologie

m press »

Die Deutsche Bibliothek verzeichnet diese Publikation in der Deutschen Nationalbibliografie; detaillierte bibliografische Daten sind im Internet über http://dnb.ddb.de abrufbar.

© 2005 Martin Meidenbauer Verlagsbuchhandlung, München

Coverabbildung:
Juliette Fichtl

Alle Rechte vorbehalten. Dieses Werk einschließlich aller seiner Teile ist urheberrechtlich geschützt. Jede Verwertung außerhalb der Grenzen des Urhebergesetzes ohne schriftliche Zustimmung des Verlages ist unzulässig und strafbar. Das gilt insbesondere für Nachdruck, auch auszugsweise, Reproduktion, Vervielfältigung, Übersetzung, Mikroverfilmung sowie Digitalisierung oder Einspeicherung und Verarbeitung auf Tonträgern und in elektronischen Systemen aller Art.

Gedruckt auf
chlorfrei gebleichtem, säurefreiem und alterungsbeständigem Papier (ISO 9706)

ISBN 3-89975-522-7

m-press ist ein Imprint der
Martin Meidenbauer Verlagsbuchhandlung

Verlagsverzeichnis schickt gern:
Martin Meidenbauer Verlagsbuchhandlung
Erhardtstr. 8
D-80469 München

www.m-verlag.net

Ich möchte mich bei all denjenigen, die mich in der Zeit der Entstehung dieser Arbeit unterstützt haben, bedanken.

Inhaltsverzeichnis

Einleitung   9

1   Die Wiener Moderne   13
1.1   Die Wiener Moderne – gesellschaftspolitisches Umfeld   13
1.2   Krisen in der Wiener Moderne   14
1.3   Freud, Schnitzler, Hofmannsthal und das Wiener Judentum   17
1.4   Die Wiener Moderne und die Assimilationsproblematik der Juden   19

2   Hysterie, Trauer und Erinnerung   22
2.1   Einleitung   22
2.2   Zeitgeschichtlicher Kontext   22
2.3   Erinnerung in Breuers und Freuds „Studien über Hysterie"   23
2.4   Der hysterische Komplex und sein Mechanismus   24
2.5   Erinnerung   29

3   Trauer   30
3.1   Die Trauer-Konzeption Freuds   31
3.2   Die Trauer und ihre Bedeutung für das Ich   33
3.3   Inkorporation und die Sprache der Trauer   37
3.4   Trauer und Hysterie   38

4   Erinnerung und Hysterie in der Wiener Moderne   42
4.1   Hysterie im kulturtheoretischen Kontext   44
4.2   Die Rezeption der „Studien über Hysterie" bei Schnitzler und Hofmannsthal   46
4.3   „Elektra"   48
4.4   „Fräulein Else"   49
4.5   Grundlinien der Interpretation   49

5   Trauer und Erinnerung in „Fräulein Else" und „Elektra"   52
5.1   Schmerz und Trauer   52
5.2   Die Spuren der Vergangenheit in der Gegenwart   55
5.3   Psychopathologie der Erinnerung   59
5.4   Psychopoetik der Erinnerung   63

6   Zeitenwandel und Untergang in „Fräulein Else" und „Elektra"   68
6.1   Einleitung   68
6.2   Identitätskrisen   68
6.3   Identitätslosigkeit   72

6.4	Erstarrung und Tod	75
6.5	Sprachkrisen	78
6.6	Exkurs: „Ein Brief" von Hofmannsthal	79
6.7	Sprache und Schweigen	81

7 Hysterie in „Fräulein Else" und „Elektra" 85

Schluss 91

Literaturverzeichnis 93

Einleitung

> "In den letzten Jahrzehnten des 19. Jahrhunderts mehren sich die Symptome jener Wahrnehmungs- und Erkenntniskrise, die keineswegs nur Akzidens der Moderne ist, sondern wohl ihre Bedingung. Modernitätsschübe setzen als Erschütterungen ein, und erschüttert ist [...] eine mentale Befindlichkeit, die habituell auf soziopsychologischen *Kontinuitäten* beruhte. Die radikalen und mitunter katastrophisch empfundenen Kontinuitätsbrüche [...] werden zugleich als subjektiv-psychische Irritationen manifest."[1]

Die Wiener Moderne ist unter anderem der Ort und die Zeit, in der eine Kultur- und Identitätskrise stattfindet, die durch den Epochenwandel bedingt ist, der das 19. Jahrhundert verabschiedet und die Weichen zu den Umbrüchen und Veränderungen stellt, die das 20. Jahrhundert prägen. Die Krise geht aus dem Zerfall der Gewissheiten der vorangegangenen Epoche hervor, tritt in ihrer ästhetischen Erscheinung unter dem Zeichen der Dekadenz auf und äußert sich auf reflexiver Ebene im Zweifel am positivistischen Weltbild.

Das Erleben von Verlust und Wandel als Inhalte der Krisenerfahrung kennzeichnen das beschriebene Phänomen. Es sind diese zwei existenziellen Grunderfahrungen des Menschen, die ihn auf sich selbst zurückwerfen und ihn zu einer Auseinandersetzung zwingen, die sich vor allen Dingen auf seine Vergangenheit und Zukunft richtet. Die Frage nach der eigenen Identität und dem eigenen Lebensweg schließt immer einen Blick auf die eigene Vergangenheit ein; von ihr ausgehend, verortet sich der Mensch in Raum und Zeit und entwirft ein Bild seiner selbst.

Das wichtigste Medium, das dem Menschen zur Verfügung steht, um sich mit seiner Vergangenheit in Verbindung zu setzen, ist die Erinnerung. Die Funktion und Bedeutung der Erinnerung für den Menschen tritt dort in den Vordergrund, wo sie zum Problem geworden ist. „Die Krise der Moderne ist daher, vor allem anderen, eine *Krise der Erinnerung*."[2]

Der Gang der Geschichte und die Neigung zur Krankheit als Folgereaktion auf den Modernisierungsprozess lassen den Griff zum Anomalen als Medium der Erkenntnis zu einer Modeerscheinung des Fin-de-siècle werden. Denn das

---

[1] Fliedl, Konstanze: Arthur Schnitzler. Poetik der Erinnerung. Wien, Köln, Weimar: Böhlau 1997, S. 19.
[2] Fliedl (1997): 19.

Pathologische gibt einen unverhüllten Blick auf das Wesen schwer zugänglicher Problematiken frei.
In diesem Fall dient die Hysterie dazu, Erfahrungen zu vermitteln, die sich der Sprache entziehen. Sie transportiert auf eigenwillige Art und Weise eine Botschaft, deren Sinn sich der bewussten Erkenntnis entzieht. Ihre körperlichen Symptome können als Sprache gedeutet werden, die symbolisch einen Sinn vermitteln, der nicht in Worte zu fassen ist. Ihre Symptome sind Symbole von verdrängten, unbewältigten Erinnerungen, die aus der Vergangenheit in die Gegenwart hineinreichen und die Frage nach der Trauer in den Raum stellen. Das gemeinsame Element, das der Hysterie und der Trauer zu Grunde liegt, ist die Erinnerung.
Im ersten theoretischen Teil der Arbeit soll das Interdependenzverhältnis zwischen Hysterie, Trauer und Erinnerung herausgearbeitet werden (Kapitel 2 – 3). Als Ausgangspunkt hierfür dienen Josef Breuers und Sigmund Freuds „Studien über Hysterie". In einem zweiten Schritt soll untersucht werden, inwieweit dieser Komplex in der Literatur der Wiener Moderne thematisiert wurde (Kapitel 4 – 7).
Dabei wird davon ausgegangen, dass die „ästhetische Rede als emotive Reaktion auf zunehmende Kontingenzerfahrungen genutzt wird, in der die Auflösung der Ich-Identität, die Zertrümmerung objektiven Sinns und der Verlust des Geschichtsvertrauens in der Innerlichkeit des Selbst"[3], das heißt als ästhetische Subjektivität thematisiert werden. Denn einerseits geht „der Empfindung des Subjekts immer das Signum der Epoche und seine metaphysischen [Un-]Sicherheiten voraus [...]"[4] andererseits ist die subjektiv-ästhetische Rede „nicht direkter Ausdruck gesellschaftlicher und geschichtlicher Ereignisse [...], sondern vielmehr deren idiosynkratische Reflexion", die dem Erleben von individuellen Krisenerfahrungen Worte verleiht und es nachvollziehbar werden lässt.[5]

Die Krisenerfahrung steht im Zusammenhang mit dem Phänomen der Trauer (Kapitel 3). Trauer als ein Prozess der Verarbeitung von erfahrenem Verlust, Mangel und Verwundungen, die in der Erinnerung präsent gehalten werden, dient normalerweise der Bewältigung dieser Erscheinungen.

> „Die ‚Trauer', die [jedoch] mit den Verlusten von Erwartungshorizont, Sprache und Identität entsteht, besitzt

---

[3] Heidbrink, Ludger: Melancholie und Moderne. Zur Kritik der historischen Verzweiflung. München: Fink 1994, S.79.
[4] Bohrer, Karl-Heinz: „Abschied. Eine Reflexionsfigur des je schon Gewesenen." In: Das Ende. Figuren einer Denkform. Hg. v. Karlheinz Stierle u. Rainer Warning. München: Fink 1996 (Poetik und Hermeneutik 16), S. 59.
[5] Heidbrink (1994): 79.

keine reale Referenz mehr, ihr Gegenstand ist nicht mehr der faktische Mangel an Seinssicherheit, sondern der Schwund des Realitätsbezugs selbst. Das abgründige Erleben einer nicht formulierbaren Kontingenz des eigenen Daseins erzeugt über die reine Entzweiung hinaus einen unaufhebbaren Bruch innerhalb der Beziehung von individueller Artikulation und sozialer Bedeutsamkeit."[6]

In der Versprachlichung wird die reale Krisenerfahrung in einen ästhetischen Diskurs übersetzt, der den Sachverhalt, deren Ausdruck er ist, erst erzeugt, da psychische Extremzustände zuerst vorsprachlich erlebt werden und die sprachliche Artikulation eine unvermeidliche Substitution des Erfahrenen leistet. Die Thematisierung der Krisenerscheinung, indem sie als ästhetisches Phänomen erfasst wird, vereint zwei Ebenen, die Erfahrungsebene und die Reflexionsebene. Dadurch entsteht ihr ästhetischer Ersatz „im Prozess einer Selbstvergewisserung als Antwort auf die Grenzen individueller Erfahrung und Erwartung."[7]

Mit dem Titel „Psychopoetik und Psychopathologie der Erinnerung. Erinnerung und Schmerz in der Wiener Moderne" ist der Gegenstand der Arbeit bereits umrissen. Wie sich herausstellen wird, taucht der Zusammenhang von Hysterie, Trauer und Erinnerung im Drama „Elektra" von Hugo von Hofmannsthal und der Erzählung „Fräulein Else" von Arthur Schnitzler auf, da sich beide ausführlich mit den „Studien über Hysterie" beschäftigten. Beide Autoren verfolgen eine unterschiedliche literarische Strategie, die Erinnerungskrise der Wiener Moderne zu thematisieren. Hugo von Hofmannsthal entwirft mit seiner „Elektra"-Fassung eine ‚Psychopathologie der Erinnerung', wohingegen Schnitzler mit „Fräulein Else" eine ‚Psychopoetik der Erinnerung' verfolgt.

Die Thematisierung von Trauer und Erinnerung an Hand der Hysterie erfolgt in beiden Werken mittels Frauenfiguren, in die Weiblichkeitsimagines eingegangen sind, die als Denkbilder weibliche Verkörperungen von „psychohistorischen individuellen und kollektiven Situationen" darstellen[8], und auf einen dem Werk immanenten Sinnbildungsprozess hinweisen. Hier soll es nicht darum gehen, Weiblichkeit und ihre Codierung im Text herauszuarbeiten, es sei lediglich darauf verwiesen, dass Weiblichkeit genutzt wird, um eine

---

[6] Heidbrink (1994): 247.
[7] Heidbrink (1994): 248.
[8] Günter, Andrea: Literatur und Kultur als Geschlechterpolitik: feministisch-literaturwissenschaftliche Begriffswelten und ihre Denk(t)räume. Königstein, Taunus: Helmer 1997, S. 110.

extreme individuelle Lebenserfahrung aufzuzeigen, die an ihr exemplarisch verdeutlicht werden kann.

‚Psychopoetik der Erinnerung' steht für das Textprogramm Arthur Schnitzlers und ‚Psychopathologie der Erinnerung' für das von Hugo von Hofmannsthal. Der Begriff ‚Psychopoetik' drückt im Bereich von Reflexion und Rhetorik eine Ebene des ästhetischen Effekts aus, die mit den dargestellten inhaltlich und stofflich bearbeiteten Erfahrungen (der stofflich überzeugenden Darstellung, Inszenierung und Dramatisierung eines Themas) auf einer Ebene des Subtextes korrespondiert, auf der diese Erfahrungen textpoetisch im Schreiben und der Redetechnik wiedergeben werden. Hofmannsthal schreibt ebenfalls eine ‚Psychopoetik' – allerdings eine der Psychopathologie – die der Einfachheit halber und zur Differenzierung ‚Psychopathologie der Erinnerung' genannt wird.

Die Werke beider Autoren werden einander gegenübergestellt, um die Differenzen und Gemeinsamkeiten, die ihnen in der Betrachtung des Komplexes zu Grunde liegen, herauszustellen. Dabei soll keine formal-ästhetische Textanalyse vorgenommen werden, sondern ausschließlich die Gestaltung des reflexiven Gegenstandes in den Werken aufgezeigt werden. An Hand eines cross-reading zwischen den literarischen Werken, soll das Nicht-Gesagte und Halb-Gesagte, der auf der unbewussten Bedeutungsebene der Texte liegende Subtext zum Vorschein gebracht werden.

1 Die Wiener Moderne

1.1 Die Wiener Moderne – gesellschaftspolitisches Umfeld

Die Wiener Moderne umfasst streng genommen den Zeitraum zwischen 1890 und 1910. Diese Eckdaten verschieben sich jedoch nach hinten und nach vorne.[9] Die Wiener Moderne mündet in den Expressionismus, das heißt sie wird von den Strömungen der Avantgarde abgelöst. Die Sonderstellung in der zeitgenössischen Kultur erhielt Wien durch seinen sozialpolitischen Standort und durch die vorherrschenden Verhältnisse, die die Österreichisch-Ungarische Monarchie charakterisierten. Unter Kaiser Franz Joseph (1848-1916) wurde Wien als dessen Regierungssitz zum Mittelpunkt der Donaumonarchie und gewann an internationaler Beachtung. Im literarischen Kontext wird die österreichische Stadt in Abgrenzung zu Berlin als Jung-Österreich oder auch Jung-Wien tituliert. Die Sonderstellung behält Wien auch noch bis weit nach dem Verfall der Monarchie infolge des ersten Weltkrieges. Hier wurden die gesellschaftlichen und politischen Umbrüche der Zeit spürbar und erlebbar. Die Gesellschaft des Fin-de-siècle in Wien charakterisiert sich durch die Vielvölker-Monarchie und die moderne Großstadt.

Die Wiener Moderne zeichnet sich durch eine Vielzahl von Kreisen innerhalb der Kulturbereiche aus, die eine gesellschaftliche Minderheit bilden, denn „[d]ie modernen Strömungen in Kunst und Literatur, Musik und Architektur wurden nie von dem Gros der Wiener Bevölkerung akzeptiert, ja nicht einmal von dem gebildeten Mittelstand."[10] Da die Verankerung im gesellschaftlichen Rahmen fehlt, existiert bei den Vertretern der Wiener Moderne ein Gefühl des inneren Exils. Wichtige Persönlichkeiten, wie Sigmund Freud, Ernst Mach, Arthur Schnitzler, Hugo von Hofmannsthal, Karl Kraus, Gustav Klimt, Arnold Schönberg und viele andere leben und arbeiten zu jener Zeit in Wien. Basis für die Aufbruchstimmung der Generation des Jung-Wiens ist die „relative Rückständigkeit" Wiens im sozialen und ökonomischen Bereich sowie sein ausgeprägter Konservativismus, der repressive Ausmaße erlangt. Das intellektuelle Klima ist, wie die Stadt, durch die sozialpolitischen und kulturellen

---

[9] Obwohl die Entstehung der Erzählung „Fräulein Else" von Arthur Schnitzler über diesen Zeitraum hinausgeht – das Werk ist zwischen 1921 und 1926 verfasst worden – steht es noch im Zeichen des Zeitgeistes des auslaufenden Fin-de-siècle: „Was man Fin de siècle nennt, definiert zweifellos nicht nur den Kontext von Schnitzlers Anfängen, sondern nachhaltig auch seinen Weg weit über 1900 hinaus." (Wunberg, Gotthart: „Fin de siècle in Wien. Zum bewußtseinsgeschichtlichen Horizont von Schnitzlers Zeitgenossenschaft." In: Text + Kritik. Arthur Schnitzler. Hg. v. Heinz Ludwig Arnold. H. 138/139. April 1998 (=Zeitschrift für Literatur), S. 5.
[10] Timms, Edward: „Die Wiener Kreise. Schöpferische Interaktionen in der Wiener Moderne." In: Die Wiener Jahrhundertwende. Einflüsse, Umwelt, Wirkungen. Hg. v. Jürgen Nautz u. Richard Vahrenkamp. Wien, Köln, Graz: Böhlau 1993, S. 135.

Erscheinungen, die die Moderne kennzeichnen, geprägt. Im Wesentlichen heißt das für Wien ethnologische Konflikte, Industrialisierung und polare Gesellschaftsstrukturen, aus denen ein allgemeiner Kulturpessimismus hervorgeht.

Um das Wesen der damaligen Zeit zu erfassen, ist ein Blick auf den Moderne-Begriff aufschlussreich, da in ihm die Voraussetzungen und Merkmale des Fin-de-siècle formuliert sind.[11] Die Moderne, verstanden „als Einheit fundamentaler Gegensätze", schließt den „größten Triumph menschlicher Erkenntnis" ebenso wie die „tiefste Verzweiflung über dessen Ohnmacht" ein.[12] Das heißt, die Moderne ist vor allem von Ambivalenz bestimmt, wie Universalität und Pluralismus; die Suche nach absoluter Wahrheit, aus der die Erkenntnis der Verhältnismäßigkeit des Wissens erfolgt; der Wunsch nach Eindeutigkeit, die zur Doppeldeutigkeit der Dinge führt; die Suche nach Zugehörigkeit und Identität, die die Wurzellosigkeit bloß legt; – diese antinomischen Motive prallen in dem sozialpolitischen Kontext der Wiener Moderne aufeinander.[13] Nicht nur sie charakterisieren die Moderne, sondern auch der Versuch, sie zu verdrängen und aufzulösen.

Die Moderne ist also auf Grund ihrer inneren Widersprüche in ihrem Wesen von einer tiefgreifenden Ambivalenz gezeichnet, die in den Konflikten und Verwirrungen der Zeit zum Ausdruck gelangt. Einerseits bringt sie eine schöpferische Kraft auf wissenschaftlicher und künstlerischer Ebene hervor und andererseits destruktive Energien durch politische Kämpfe.

Wie sich im folgenden Kapitel zeigen wird, charakterisiert sie sich durch die sukzessive Auflösung vormalig „stabiler Systeme" und eine „radikale Selbstkritik"[14]. Die Erfahrung der Moderne, in der die Wirklichkeit als nur momentane, stets veränderbare Erscheinung erlebt wird, macht den radikalen Zweifel zum Kern eines selbstreflexiven, selbstkritischen Denkens. Daraus erwächst die Krisenstimmung der Wiener Moderne.

1.2   Krisen in der Wiener Moderne

Die kulturellen Produkte der Wiener Moderne zeugen, wie im Lauf der Arbeit herausgestellt werden soll, von einer Krisenerfahrung, die sich auf

---

[11] Vgl. Wunberg (1998): 11.
[12] Nautz, Jürgen u. Vahrenkamp, Richard: „Einleitung." Die Wiener Jahrhundertwende. Einflüsse, Umwelt, Wirkungen. Hg. v. Jürgen Nautz u. Richard Vahrenkamp. Wien, Köln, Graz: Böhlau 1993, S. 25.
[13] Vgl. Baumann, Zygmunt: Moderne und Ambivalenz. Das Ende der Eindeutigkeit. Hamburg 1992, S. 195.
[14] Vgl. Reijen van, Willem: „Das unrettbare Ich." In: Die Frage nach dem Subjekt. Hg. v. Manfred Frank, Gérard Raulet u. Willem van Reijen. Frankfurt a. M.: Suhrkamp 1988, S. 377.

verschiedene Bereiche erstreckt: Es ist die Rede von der Kulturkrise, der Sprachkrise, der Bewusstseinskrise und der Krise des Subjekts. Diese Krisen sind ineinander verwoben und auf den Modernisierungsprozess zurückzuführen.
Industrialisierung, Urbanisierung, aufkommende Demokratisierung, Rationalisierung, und vor allen Dingen Individualisierung, sind die ersten sichtbaren Folgen des Wandels, der um die Jahrhundertwende seinen Anfang nimmt. Dieser Wandel bedeutet für das Individuum eine Herauslösung aus historisch vorgegebenen Sozialformen und –bindungen und den Verlust von traditionellen Weltanschauungen und Werten, woraus Orientierungslosigkeit und Zersplitterung entstehen, und Entwurzelung und Entfremdung folgen. Die Schattenseiten des Modernisierungsprozesses treten mehr und mehr zu Tage, und der Glaube an Fortschritt und Vernunft gerät ins Wanken.[15] Diese historische Situation fällt auf den modernen Menschen zurück und stürzt ihn in eine Identitätskrise.
Die Erfahrung des modernen Menschen hat Zygmunt Baumann treffend in folgendes Bild gefasst, das er an eine Beschreibung Walter Benjamins anlehnt:

> „Die Moderne ist das, was sie ist – ein besessener Marsch nach vorne [...]. Der [...] weitergehen [muss], weil jeder Ort der Ankunft nur eine zeitweilige Station ist. Kein Ort ist privilegiert, kein Ort besser als ein anderer, da von keinem Ort aus der Horizont näher ist als von jedem anderen. [...] [D]er Sturm [treibt] die Gehenden unwiderstehlich in die Zukunft, der sie ihren Rücken zuwenden, während der Trümmerhaufen vor ihnen gen Himmel wächst. ‚Das, was wir den Fortschritt nennen, ist *dieser* Sturm.' [...] Nicht die Antizipation einer neuen Seligkeit gibt dieser Linie eine Richtung, sondern die Gewißheit vergangener Schrecken; das Leiden von gestern, nicht das Glück von morgen. [...] Die lineare Zeit der Moderne erstreckt sich zwischen der Vergangenheit, die nicht dauern, und der Zukunft, die nicht sein kann. [...] Nicht zu sein was sie sein soll, ist die unverzeihliche Ursünde der Gegenwart. Das Gegenwärtige ist immer mangelhaft, was es häßlich, abschreckend und unerträglich macht."[16]

---

[15] Vgl. Nautz u. Vahrenkamp (1993): 21f.
[16] Baumann (1992): 24.

Zygmunt Baumann verdeutlicht mit dieser Beschreibung der Moderne die existenzielle Problematik, in der das moderne Individuum, dadurch dass es in einer durch Ambivalenz und Kontingenz geprägten Welt lebt, gefangen ist. Bei dieser Betrachtungsweise rückt der zeitliche Aspekt in den Vordergrund, der einerseits veranschaulicht, dass das Gegenwärtige keine Gültigkeit besitzt, womit der Gegenwart ihre Legitimation genommen wird, und der andererseits auf die Vormachtstellung des Genealogischen verweist, da die Vergangenheit den Weg in die Zukunft bestimmt.

Im Wien des Fin-de-siècle herrscht dementsprechend eine Untergangsstimmung, die von einem allgemeinen politischen Desinteresse und einer Hinwendung zum Ich begleitet wird. Diese Haltung erklärt sich aus den sozialpolitischen Umständen der damaligen Zeit und dem Einfluss wissenschaftlicher Arbeiten, die die Auflösung des Ichs konstatieren, dabei den Vernunftglauben in Frage stellen und die Empfindung als einzig gültigen Anhaltspunkt und Quelle der Erkenntnis preisen.

Großen Einfluss auf die Intellektuellen der Wiener Moderne hat neben Nietzsche auch der Philosoph und Physiker Ernst Mach (1838-1916). Als ein Vertreter des Positivismus geht seine Erkenntnistheorie von der Annahme aus, dass die Wirklichkeit nur durch Empfindungen erfahrbar sei. In seiner Philosophie, die als zeittypisches Phänomen, die Einheit des Ichs in Frage stellt, spiegeln sich exemplarisch Diskontinuität und Dissoziation. Gemeinsam mit dem im Wien des Fin-de-siècle ausgelebten Ich-Kult deutet sie darauf hin, dass das Ich zum Ausgangspunkt und zur Instanz der Erkenntnis erhoben wird, gerade weil es sich selbst zum Problem geworden ist.[17] Das Dilemma der Epoche liegt unter anderem in dem Wissen, dass die Erkenntnisfähigkeit des Menschen an die Konstitution eines Ich als einheitliche Person gebunden ist.[18] Doch der Selbstzwang und die Aufspaltung des Ich in ein denkendes, rationales und ein körperliches, sinnliches Wesen, die der Vernunftglaube den Menschen abforderte, führten zur Zerstörung der sinnlichen Wahrnehmungs- und Erlebnismöglichkeiten und zum Gefühl des Ich-Verlustes. Auf dieser Erfahrung fußt das Unbehagen und die Skepsis, die die Schriften der Wiener Moderne von Mach bis Hofmannsthal durchziehen. Sie verleihen der vorherrschenden Stimmung, die von einem Gefühl, dass eine Welt im Zusammenbrechen und die Zukunft ungewiss ist, dem Gefühl des Niedergangs und des Verlustes ihren Ausdruck.

---

[17] Vgl. Wunberg (1998): 13.
[18] Vgl. van Reijen (1988): 389.

Die Ausrichtung auf die Gegenwart resultiert aus einer Wahrnehmung der Welt, in welcher der Bruch mit der Vergangenheit nicht möglich und die Zukunft noch nicht in Sicht ist.

„Daß sich die Auflösung der Welt [...] im „unrettbaren Ich", das nicht „Herr im eigenen Haus" ist, widerspiegelt, hat die Forschung zur „Wiener Moderne" hinlänglich gezeigt. Als Evidenz verblieb den „Modernen" der Körper und die physiologische Bestimmung der Psyche."[19]

„[D]er Körper, d. h. das Äußere [ist] nicht nur sichtbares Kennzeichen de[s] Anderen", sondern ein „stellvertretender Ort für bedeutungsbedürftige Zeichen unsichtbarer, unkenntlicher und um so bedrohlicher[er] Differenzen", das ihn zum Symbolisierungsfeld [...] am ‚Anderen' werden lässt.[20] Das Andere wird in der Wiener Moderne bevorzugt mit dem Weiblichen und dem Jüdischen in Verbindung gebracht. Auf die Bedeutung des Weiblichen soll erst im zweiten Teil der Arbeit eingegangen werden, während es an dieser Stelle sinnvoll ist, auf die Sonderstellung des Jüdischen einzugehen.

1.3 Freud, Schnitzler, Hofmannsthal und das Wiener Judentum

Die Wiener Moderne war ein Zusammenfließen vieler unterschiedlicher Kulturströmungen; besonders bedeutsam waren das Judentum, die deutsche Aufklärung und der österreichische Barock-Katholizismus.[21]
Sigmund Freud, Arthur Schnitzler und Hugo von Hofmannsthal als exemplarische Vertreter der Wiener Moderne, denen diese Tendenzen in unterschiedlicher Gewichtung innewohnen, entstammen einer Generation, die aus dem liberalen Bürgertum, vorwiegend jüdischer Herkunft hervorgegangen ist. Ihre Väter sind in der zweiten Hälfte des 19. Jahrhunderts zu ökonomischem Erfolg gelangt und bildeten eine neue Führungsschicht in der österreichisch-ungarischen Doppelmonarchie, die zu keiner homogenen Identität fand.
Die Familien, sowohl Schnitzlers, als auch Freuds kamen in einer Zeit des wirtschaftlichen Aufstiegs aus der Provinz nach Wien und gelangten dort

---

[19] Eder , Franz X.: „‚Diese Theorie ist sehr delikat...' Zur Sexualisierung in der Wiener Moderne." In: Die Wiener Jahrhundertwende. Einflüsse, Umwelt, Wirkungen. Hg. v. Jürgen Nautz u. Richard Vahrenkamp. Wien, Köln, Graz: Böhlau 1993, S. 177.
[20] Weigel, Sigrid: „‚Frauen' und ‚Juden' in Konstellationen der Modernisierung – Vorstellungen und Verkörperungen der ‚internen Anderen'. Ein Forschungsprogramm." In: Jüdische Kultur und Weiblichkeit in der Moderne. Hg. v. Inge Stephan, Sabine Schilling u. Sigrid Weigel. Köln, Weimar, Wien 1994, S. 346.
[21] Vgl. Beller, Steven: „Die Position der jüdischen Intelligenz in der Wiener Moderne." In: Die Wiener Jahrhundertwende. Einflüsse, Umwelt, Wirkungen. Hg. v. Jürgen Nautz u. Richard Vahrenkamp. Wien, Köln, Graz: Böhlau 1993, S. 716f.

schnell zu einer bedeutenden Stellung. Schnitzlers Vater war Universitätsprofessor der Medizin und leitete zeitweilig die Wiener Poliklinik. Die jüdische Tradition wurde in der Familie nicht gepflegt. Mit dem Problem, einer diskriminierten rassischen Minderheit anzugehören, wurde Schnitzler erstmals während seines Medizinstudiums an der Universität konfrontiert, was seine lebenslängliche Sensibilisierung hinsichtlich der Judenproblematik erklärt. Auch Freud wurde mit dem Antisemitismus konfrontiert. Sein Elternhaus war deutlich stärker vom jüdischen Glauben bestimmt, jedoch nicht orthodox. Der Konflikt zweier Kulturen durchzieht die gesamte innere Biographie Freuds. Obwohl Freud den jüdischen Glauben ablehnte, verleugnete er sein Judentum im Gegensatz zu Hofmannsthal nicht. Dessen jüdischer Urgroßvater hatte sich aufgrund seiner kaufmännischen und philanthropischen Verdienste den erbländischen Adelstitel erworben, wodurch die Assimilation seiner Familie eingeleitet und durch dessen Sohn endgültig vollzogen wurde, der mit der Heirat einer italienischen Katholikin zum katholischen Glauben konvertierte. Hofmannsthal lehnte es Zeit seines Lebens ab, als Jude klassifiziert zu werden. Laut Michael Worbs liegen die gemeinsamen Wurzeln der Werke Schnitzlers und Freuds neben jüdischen Gemeinsamkeiten vor allen Dingen in der Krise der liberalen Kultur Österreichs.[22] Diese Feststellung ist auch für Hofmannsthal gültig. Dennoch sollte der jüdische Kontext Beachtung finden, da er das gesellschaftliche Umfeld und Klima, in dem die Autoren lebten, vor Augen führt.

Steven Beller zufolge ist der Kern der liberalen, gebildeten, bürgerlichen Schicht zu zwei Dritteln jüdisch gewesen, der sich in Handel, Industrie, Finanzen und hauptsächlich in freien Berufen aufteilt. In der „Wortkultur" waren Juden in der breiten Mehrheit, das heißt als Schriftsteller, Kritiker, Journalisten und Dramatiker. Ihre Akkulturation war ein wesentlicher Bestandteil ihres Auftretens, allerdings gelang ihnen die Integration und Assimilation nicht vollständig.[23] Der von der Politik instrumentalisierte Antisemitismus drängte die jüdische Intelligenz in die Rolle der Außenseiter. Diese Stellung ermöglichte vielen größere Distanz zur Gesellschaft und verhalf ihnen zu einem „schärferen Blick" und „ätzendere[r] Kritik", weswegen den Juden aus heutiger Sicht ein hoher Anteil im Bildungssystem und im Kulturleben der Wiener Moderne zu verdanken ist.[24]

Ein charakteristischer Konflikt des 19. Jahrhunderts ist die Judenemanzipation in einer nichtjüdischen Gesellschaft und die innerjüdische Auseinandersetzung

---

[22] Vgl. Worbs, Michael: Nervenkunst. Literatur und Psychoanalyse im Wien der Jahrhundertwende. Frankfurt a. M.: Europäische Verlagsanstalt 1983, S. 186.
[23] Da dieser Aspekt besondere Beachtung verdient, wird im folgenden Kapitel ausführlicher darauf eingegangen.
[24] Vgl. Timms (1993): 135.

zwischen den alteingesessenen westjüdischen Familien und den hinzuziehenden aus dem Osten.[25] Die meisten im deutschsprachigen Raum lebenden Juden strebten danach, dem Ghettodasein der Judenviertel zu entkommen und sich ihrer Umgebung anzupassen. Sie setzten einerseits die Hoffnung auf soziale Emanzipation durch eine eventuelle politische Liberalisierung oder versuchten durch Besitz ihren Status zu verbessern. Es ist der Versuch, die Beschränkungen, welche ihnen durch die Ghettokultur auferlegt wurden, durch Assimilation an die österreichische Kultur, abzustreifen.[26]
Das Bild der bürgerlichen Juden ist oftmals das einer bildungsstolzen, der jüdischen Religiosität entfremdeten und der deutschen Aufklärung zugetanen Schicht. Die Ostjuden werden als skrupellose Opportunisten, als moralisch und ästhetisch unzurechnungsfähige Profiteure abgestempelt. Als negativ besetzte Gestalt existiert das Bild des Ostjuden schon seit Ende des 18. Jahrhunderts. Die Einwanderung der Ostjuden empfanden Juden, wie Nichtjuden gleichermaßen als Bedrohung.
Arthur Schnitzler, der sich eingehend in seinen Werken mit der Judenfrage auseinander setzte, sah drei Richtungen, die die junge jüdische Generation einschlagen konnte. In seinem Roman „Der Weg ins Freie" stellt er Assimilation, Zionismus und Sozialismus als drei Alternativen vor, die sich alle als verfehlt erweisen: Die Assimilanten kritisiert er angesichts ihres Opportunismus. Dem Sozialismus stand er selbst fern und den Zionismus betrachtete er „als eine sozialtherapeutische Einrichtung zu Gunsten des gekränkten jüdischen Selbstbewußtseins".[27] „Der Weg ins Freie" bedeutet, so die Interpretation Gert Mattenklotts, „die Aufkündigung jeder anderen kulturellen Verbindlichkeit als der eines konsequenten Individualismus."[28]

1.4 Die Wiener Moderne und die Assimilationsproblematik der Juden

Die Assimilation der Juden führte nicht zu ihrer Integration in die Wiener Gesellschaft. Sie blieben eine abgesonderten Randgruppe, die sich durch ambivalente und inkongruente Züge auszeichnete und sich von der traditionellen jüdischen Gemeinschaft ebenso sehr unterschied, wie von der einheimischen Elite.

---

[25] Vgl. Mattenklott, Gert: „Jettchen Gebert und das Schtetl. Jüdische Lebenswelten in der deutschen Literatur." In: Jüdische Lebenswelten. Essays. Hg. v. Andreas Nachama, Julius H. Schoeps u. Edward van Hoolen. Berliner Festspiele. Frankfurt a. M.: Jüdischer Verlag - Suhrkamp 1991 (Ausstellung 12. Januar bis 26. April 1992), S. 222.
[26] Vgl. Nautz u. Vahrenkamp (1993): 46.
[27] Mattenklott (1991): 226.
[28] Mattenklott (1991): 226.

Von der besonderen jüdischen Position aus werden die Widersprüche der Moderne am augenscheinlichsten. Bei einer Betrachtung der Beiträge von Juden zur modernen Kultur erscheint es wichtig, wie Zygmunt Baumann hervorhebt, zu bedenken, dass diese nicht als Ausdruck des „jüdischen Kampfes" mit der Moderne verstanden werden sollten, sondern eher als Produkte der Auseinandersetzung der Moderne mit sich selbst. Denn der Assimilationsdruck produzierte nicht nur zerrissene Seelen, zerbrochene Leben, Mutlosigkeit und Verzweiflung, sondern brachte einen sozialen Kontext hervor, der durch ein kreatives Potenzial gekennzeichnet war und zum Entstehen und Gedeihen der modernen Kultur beitrug.[29]

Die Juden der Wiener Moderne trugen das Stigma[30] des Fremden, worin ihre Assimilationsproblematik begründet liegt. Zygmunt Baumann zufolge, liegt für den Fremden eine Verlockung in dem Angebot der Assimilation, da ihm eine Heimat versprochen wird. Assimilation bedeutet in diesem Kontext Gleichwerden. „Assimilation-durch-Akkulturation" beinhaltet die „Aufhebung der Entfremdung", „die *Eingemeindung* des Fremden", und besteht in einem wechselseitigen Verhältnis zwischen dem Individuum und der Gesellschaft. Allerdings hat die „Strategie des Assimilationsangebotes" laut Baumann ihre „inneren Grenzen", weil erstens die Fremdheit des Fremden unaufhebbar ist und zweitens der Fremde, der die Assimilation anstrebt, in eine Beziehungsfalle gerät, die einerseits die Einheimischen betrifft, andererseits die eigene Gruppe.[31] Denn indem der Fremde sich von der eigenen Minderheit lossagt, trifft ihn der Vorwurf der Verleugnung, wenn er sich mit ihr solidarisiert, gilt das als Beweis seiner Randexistenz. Sein Dilemma entspricht der Stellung zwischen zwei miteinander nicht zu vereinbarenden Möglichkeiten, die beide keine Lösung darstellen, sondern ein Scheitern implizieren. Das Leiden, das aus diesem Dilemma entspringt, kann sich gegen die Gruppe wenden oder gegen die eigene Person.

Die individuelle Erfahrung, die aus der Position des Fremden resultiert, ist die Trauer über das ‚eigene' Scheitern, das zu einer Auseinandersetzung mit der Gesellschaft, der Suche nach der eigenen Identität und der Suche nach einem Ausweg führen kann.

Diesem Erfahrungshorizont liegt eine bestimmte Sicht auf Schmerz, Trauer und Erinnerung inne, die in der Figur der Hysterikerin, wie Schnitzler und

---

[29] Vgl. Baumann (1992):192.
[30] Das Stigma bezeichnet ein sonst unauffälliges Merkmal, das zum Zeichen eines Makels, eines verborgenen Fehlers wird. „Es wird als Waffe gegen die unwillkommene Ambiguität des Fremden benutzt. Das Wesen des Stigmas ist die Betonung der Differenz. Die äußerlichen Zeichen mögen verhüllt sein, aber sie können nicht ausradiert werden." Baumann (1992): 91.
[31] Vgl. Baumann (1992): 105.

Hofmannsthal sie in den vorliegenden Texten gestaltet haben, ihren Ausdruck findet.

Doch bevor die Texte von Schnitzler und Hofmannsthal auf diesen Zusammenhang hin untersucht werden, ist eine Darstellung der Hysterie, wie Josef Breuer und Sigmund Freud sie in ihren „Studien über Hysterie" beschrieben haben, notwendig, da die ‚Studien' einen wesentlichen Einfluss auf die gängige zeitgenössische Hysterie-Vorstellung hatten. Im folgenden Kapitel soll nun nicht eine ausführliche Beschreibung der Hysterie-Konzeption Breuers und Freuds präsentiert werden, eher wird sie im Hinblick auf ihren Zusammenhang zur Trauer und Erinnerung durchleuchtet.

2 Hysterie, Trauer und Erinnerung

2.1 Einleitung

Wie schon erwähnt, befasst sich dieses Kapitel mit Funktion und Bedeutung der Erinnerung in Josef Breuers und Sigmund Freuds Hysterie-Konzeption. Deren „Studien über Hysterie" sind Grundlage der vorliegenden Auseinandersetzung. Untersucht werden soll die Bedeutung der Erinnerung im hysterischen und melancholischen Mechanismus, wie Freud sie dargestellt hat. Der melancholische Mechanismus ist im Hinblick auf Freuds Trauer-Konzeption von Relevanz und dient zu dessen Veranschaulichung. Zuletzt soll der Zusammenhang zwischen den beiden von Freud entworfenen Mechanismen an Hand der Rezeption Judith Butlers und Elisabeth Bronfens aufgezeigt und somit der Bogen zur kulturtheoretischen Deutung der Hysterie geschlagen werden, die zum zweiten Teil der Arbeit überleitet. Zunächst verdeutlicht ein kurzer Blick auf die Entstehungsgeschichte der „Studien über Hysterie" den zeitgeschichtlichen Kontext und veranschaulicht die Bedeutung des Werkes.

2.2 Zeitgeschichtlicher Kontext

Als Sigmund Freud 1886 von seinem Studienaufenthalt an der Salpêtrière bei Jean-Martin Charcot in Paris zurückkehrte und die Wiener Medizin mit den Forschungen Charcots konfrontierte, wurde der damals auch in Wien stark verbreiteten Hysterie Aufmerksamkeit zuteil. Sie galt im 19. Jahrhundert als neurologische Erkrankung, da die hysterischen Patienten und Patientinnen vor allen Dingen an körperlichen Beschwerden, wie Lähmungen, Geh- und Gleichgewichtsstörungen, Atemnot, Ohnmachtszuständen, und sonstigen Schmerzen aller Art litten. Als Krankheit ohne erkennbare organische Ursache wurde sie von den orthodox-physiologischen Ärzten nicht ernst genommen. Im Gegensatz dazu vertrat Freud die These, dass Hysterie eine psychische Erkrankung sei. Die Ablehnung, auf die Freuds Darstellungen stießen, ist zum Teil der Tatsache verschuldet, dass sein Verständnis der Hysterie als erworbene Krankheit, die von der Psychiatrie errichteten Mauer zwischen Anormalität und Normalität, zwischen Wahnsinn und Vernunft ins Wanken brachte: „Die Geisteskrankheit wird zum Grenzfall des Gesunden, Einsicht in diese vermittelt Verständnis von jenem."[32] Die Rolle, die zu Freuds Zeiten die Hysterie spielte, kann als „psychologische Signatur einer Epoche" betrachtet

---

[32] Worbs (1991): 80.

werden, die sich als seelische Erscheinung durch eine „zunehmend epidemische Verbreitung" und eine „besondere Faszination" auszeichnet.[33]
Zwischen 1889 und 1892 therapierte Sigmund Freud vier hysterische Patientinnen. Ihre Fallgeschichten und seine daraus entwickelte Hysterie-Konzeption machte er zusammen mit Josef Breuer, der eine Fallgeschichte und einen theoretischen Aufsatz vorlegte, in den „Studien über Hysterie" 1895 publik. Der Dreh- und Angelpunkt der Hysterie-Konzeption Freuds ist die Beschreibung des hysterischen Mechanismus als symbolische Darstellung von unaussprechbaren Inhalten durch Körpersprache, die in Verbindung mit der Vergangenheit des Patienten stehen. Die Bedeutung, die der Erinnerung des Patienten beigemessen wird, kann als zeittypische Erscheinung betrachtet werden. Im folgenden Kapitel soll die Erinnerung als Phänomen der Hysterie – die ‚Psychopathologie der Erinnerung' –, wie Breuer und Freud sie in den „Studien über Hysterie" dargestellt haben, erläutert werden.

2.3   Erinnerung in Breuers und Freuds „Studien über Hysterie"

Breuer und Freud kamen in den „Studien über Hysterie" zu der Auffassung, dass „der Hysterische […] größtenteils an Reminiszenzen [leide]"[34], womit sie die Hysterie als psychische Erkrankung, in der die Erinnerung eine wesentliche Rolle spielt, festschreiben. Breuers und Freuds Ansicht nach bilden sich hysterische Symptome auf Grund der Tatsache, dass für das Ich unverträgliche Vorstellungen verdrängt und die an diese Vorstellungen gebundenen Affekte nicht abreagiert werden. Diese dem Bewusstsein entzogenen pathogenen Vorstellungen stehen im Zusammenhang mit einem Ereignis, das einen Konflikt für den Patienten darstellt, und nun in symbolischer Form durch ein körperliches Symptom zum Ausdruck gebracht wird. Ein innerpsychischer Konflikt kommt dadurch zu Stande, dass sich verinnerlichte äußere, soziale Verbote und Gebote in Gestalt des Über-Ichs[35] und des Gewissens nicht mit der eigenen Befriedigung vereinbaren lassen.[36] Als Folge davon besteht die

---

[33] Straub, Jürgen: „Personale und kollektive Identität. Zur Analyse eines theoretischen Begriffs." In: Identitäten. Erinnerung, Geschichte, Identität 3. Frankfurt a. M.: Suhrkamp 1999 (2. Auflage), S. 84.
[34] Breuer, Josef u. Freud, Sigmund: Studien über Hysterie. Einleitung von Stavros Mentzos. Frankfurt a. M.: Fischer 1991 (3. korr. Auflage), S. 31.
[35] Der Begriff des Über-Ichs findet seine Erläuterung später im Zusammenhang mit Freuds Konzeption des psychischen Apparates.
[36] Vgl. Mentzos, Stavros: Hysterie. Zur Psychodynamik unbewußter Inszenierungen. Frankfurt a. M.: Fischer 1986 (Erweiterte Ausgabe), S. 57.

hysterische Abwehr in der Konversion[37] des Affekts in eine körperliche Innervation, womit die unverträgliche Vorstellung aus dem Bewusstsein ins Unbewusste verdrängt wird. Die Konversionssymptome drücken verdrängte Vorstellungen durch den Körper aus, das heißt, verschiedene körperlich-auftretende Symptome symbolisieren den psychischen Konflikt. Das Bewusstsein enthält nun an Stelle der Vorstellung, die durch Konversion entstandene körperliche Reminiszenz – das Erinnerungssymbol.

2.4 Der hysterische Komplex und sein Mechanismus

Wie verdrängte Erinnerungen zu körperlichen Symptomen führen, soll an Hand des hysterischen Mechanismus aufgezeigt werden. Breuer und Freud zufolge geht die Hysterie aus einem Unlusterlebnis hervor, das aus dem Bewusstsein verdrängt wurde. Der hysterische Mechanismus liegt in der Konversion, das heißt der „Umsetzung psychischer Erregung in körperliche Dauersymptome".[38] Die Konversion erfolgt durch die Unverträglichkeit des Ichs mit einer affektgeladenen Vorstellung, die von einem Ereignis aus der persönlichen Lebensgeschichte des hysterischen Subjekts herrührt, wodurch eine psychische Lücke entsteht, die dann zu Verdrängung und Symptombildung[39] führt.

Beide Abwehrreaktionen, die Verdrängung und die Symptombildung, entstehen erst nachträglich, in Antwort auf die traumatische Erinnerung. Diejenige, die für Freud eine große Bedeutung erlangen wird, ist die Verdrängung (von Vorstellungsrepräsentanzen eines Triebes ins Unbewusste) – eine Form der Abwehr des Ichs.[40] Sie erfolgt durch Bildung einer Vorstellung, die die

---

[37] Die Konversion ist der fundamentale Mechanismus innerhalb der Hysterie, der die Umsetzung des psychischen Konflikts in körperliche Symptome, denen eine symbolische Bedeutung zukommt, bezeichnet.

[38] Breuer u. Freud (1991): 105

[39] Auf die Symptombildung wird auf Seite 26 ausführlicher eingegangen.

[40] Die Verdrängung erlangt für Freud solch eine Relevanz, dass sie ihn veranlasst, eine Verdrängungstheorie zu konzipieren, die in diesem Kontext nur angerissen werden kann: Der Vorgang der Urverdrängung veranschaulicht den Mechanismus, der der Verdrängung zu Grunde liegt. In ihm werden Vorstellungsinhalte, das heißt Erfahrungen und Phantasien im Unbewussten an einen Trieb gebunden; womit die „Fixierung der Triebrepräsentanzen" bezeichnet ist. Durch sie wird ein Kern von Vorstellungen im Unbewussten gebildet. (Bei dieser Darstellung handelt es sich um das psychische Erinnerungssystem, in dem die Niederschrift von Erinnerungsspuren erfolgt, das noch ausführlicher besprochen wird.) An ihnen vollzieht sich das Spiel der Besetzungsentziehung, der Wiederbesetzung und Gegenbesetzung, das im Nachdrängen stattfindet und die Anziehung von Vorstellungen bezeichnet, die in Verbindung zu den im Unbewussten fixierten Vorstellungen stehen. Ist die Verdrängung eine pathologische, werden die verdrängten, abgetrennten psychischen Vorstellungsinhalte im Unbewussten von dessen Gesetzen regiert und treten als ‚Wiederkehr des Verdrängten' in Form von Symptomen und Fehlleistungen in Erscheinung. Vgl. Laplanche, Jean u. Pontalis, Jean-Bertrand: Das Vokabular der Psychoanalyse. Aus dem Franz. v. Emma Moersch.

verdrängte Erinnerung im Bewusstsein vertritt, welche dann zwischen dem Ich und dem unverzerrten Stück traumatischer Erinnerung oszilliert und zur hysterischen Reaktion beiträgt.

Doch bevor die Abwehrmechanismen ihre Wirkung entfalten können, muss eine traumatische Erinnerung vorliegen. Laut Breuer und Freud steht am Anfang einer hysterischen Erkrankung immer ein psychisches Trauma[41]. Meistens liegt bei einer Verdrängung ein traumatisches Erlebnis schon vor, allerdings kann ein Erlebnis auch nachträglich durch Deutung traumatische Qualität erlangen. Das eigentliche traumatische Moment ist für sie jenes, wo sich dem Ich die Unverträglichkeit des Vorstellungsinhalts mit seinem Gewissen aufdrängt und es die Verweisung der entsprechenden Vorstellung beschließt.[42] Ein adäquates Abreagieren, die natürliche Reaktion, die von der Aussprache und assoziativen Korrektur, über Weinen bis zur Rache reichen kann, bleibt bei einem Trauma aus. Der Affekt bleibt an die Erinnerung (dieses Erlebnisses) gebunden. Er ist dem Bewusstsein entzogen, aber im psychischen Haushalt des Patienten in voller Intensität erhalten. Die Abwehr führt dann zur Abtrennung der Vorstellung vom freien assoziativen Denken. Mit der Abtrennung beginnen, wie Freud vermerkt, die Schmerzen: „Was [...] sich hier in körperlichen Schmerz verwandelt" ist „[e]twas, woraus seelischer Schmerz hätte werden können und werden sollen".[43]

Um einen pathogenen Verlauf in Gang zu setzen, müssen bestimmte Voraussetzungen im Bewusstsein vorhanden sein. Denn die Erinnerung wird erst zu einer pathogenen Vorstellung, wenn eine Spaltung des Bewusstseins auftritt und abnorme Bewusstseinszustände festzustellen sind. Diese werden als hypnoide Zustände bezeichnet, die den Boden abgeben, auf dem sich der Affekt mit der pathogenen Vorstellung ansiedelt. Die pathogenen Vorstellungen gehören, wie der hypnoide Zustand, dem Unbewussten an. Der hypnoide Zustand verfügt über die Macht, die Herrschaft des Bewusstseins an sich zu reißen und Dauersymptome und Anfälle zu produzieren, die durch Reizung einer hysterogenen Zone, durch ein neues Erlebnis oder dadurch erfolgen, dass

---

Frankfurt a. M.: Suhrkamp 1994 (12. Auflage), S. 584. Inzwischen ist die Verdrängungstheorie Freuds allerdings umstritten. Siehe dazu: Kettner, Matthias: „Nachträglichkeit. Freuds brisante Erinnerungstheorie." In: Die dunkle Spur der Vergangenheit. Psychoanalytische Zugänge zum Geschichtsbewußtsein. Erinnerung, Geschichte, Identität 2. Hg. v. Jörn Rüsen u. Jürgen Straub. Frankfurt a. M.: Suhrkamp 1998, S. 53.

[41] Das Trauma ist ein Ereignis im Leben eines Subjekts, das durch seine Intensität und die Unfähigkeit des Subjekts, adäquat darauf zu antworten eine Erschütterung und dauerhafte pathogene Wirkungen in der psychischen Organisation hervorruft. Etymologisch bezeichnet Trauma eine Wunde, eine Verletzung mit Gewebedurchtrennung, die auf psychischer Ebene einen heftigen Schock und dessen Auswirkungen auf die psychische Organisation meint. Vgl. Laplanche u. Pontalis (1994): 513f.

[42] Breuer u. Freud (1991) : 142.
[43] Breuer u. Freud (1991) : 186.

Teile des unbewussten Vorstellungskomplexes ins gewöhnliche Bewusstsein hineinragen und Anlass zu Störungen geben. Ein hysterisches Symptom entspricht dann einem Hineinragen des hypnoiden Zustands mit seinen pathogenen Vorstellungen in das normale Bewusstsein. Es tritt auf, wenn der Affekt mit einer, in assoziativem Zusammenhang zum pathogenen Vorstellungsinhalt befindlichen Vorstellung, die durch ein neues Erlebnis gewonnen wird, verknüpft wird.
Wie sich gezeigt hat, erfolgt die Symptombildung vermittels einer pathogenen Vorstellung, die aus einer Erinnerung hervorgeht. Diese mit pathologischen Zügen behaftete Erinnerung (Vorstellung) charakterisiert sich durch verschiedene Merkmale und entfaltet in mehreren Bereichen ihre Wirkung. Zum einen wir sie für lange Zeit konserviert, während ihr die ganze affektive Stärke erhalten bleibt, und zum anderen ist sie dem hysterischen Subjekt, das unter einer Bewusstseinsspaltung leidet, nicht zugänglich. Jedes neue pathogen wirksame Thema (der Inhalt einer unverträglichen Vorstellung) besetzt Körperteile oder stellt eine Verknüpfung mit körperlichen Funktionen her. Die daraus folgende Funktionsstörung kommt durch Symbolisierung zu Stande. So hinterlässt die Vorstellung ihre Spuren als Erinnerung – die Erinnerungsspuren[44] – im körperlichen Symptom, das als Erinnerungssymbol fungiert. Die Produkte der Konversion, die schmerzhaften Symptome, sind somit an die Erinnerungen und nicht an das Ereignis gebunden. Die Bedeutung, die der Erinnerung zukommt, wird vor dem Hintergrund der Konversion ersichtlich und erschließt sich aus ihrer Tragweite. Im Folgenden soll die Verbindung zwischen Erinnerung und Symptombildung näher betrachtet werden.[45]
In den „Studien über Hysterie" zeigt sich, dass die Erinnerung eine wesentliche Rolle in der Pathogenese sowie in der Strukturierung des pathogenen Konfliktverhaltens spielt.

> „Freud compares the hysterical symptom to a monument erected in commemoration of an event: thus the symptoms [...] are 'mnemic symbols'."[46]

---

[44] Erinnerungsspuren sind Produkte aller Arten der Einprägung ins Gedächtnis. Sie sind in verschiedenen Systemen deponiert, wo sie aufbewahrt und nur reaktiviert werden, wenn sie besetzt sind. Erinnerungen sind wie ein Archiv organisiert, sie gruppieren sich in einer logischen und chronologischen Ordnung um einen pathogenen Kern. Alle Erinnerungssysteme sind unbewusst. Ihre vorbewussten Erinnerungen (Gedächtnis) können allerdings in Verhaltensweisen aktualisiert werden. Ob sie wachgerufen werden, hängt von der Art der Besetzung ab, deren Entziehung und Gegenbesetzung.
[45] Die vorliegende Darstellung orientiert sich an: Abraham, Nicolas u. Torok, Maria: The Shell and the Kernel. Renewals of Psychoanalysis. Vol. 1. Ed. & Translated by Nicolas Rand. London, Chicago: University of Chicago Press 1994.
[46] Abraham u. Torok (1994): 92.

Das hysterische Symptom erinnert also, einem Denkmal gleich, an ein Ereignis, an seine Funktion als „mnemisches Symbol", das heißt als Erinnerungssymbol.

Das hysterische Symptom agiert wie ein komplexer Knoten verschiedener psychischer Verwundungen in Antwort auf eine Erinnerungsspur. Es sind die Erinnerungsspuren, die wie Schutzdichtungen den Zugang zum traumatischen Inhalt der pathogenen Vorstellung versperren, indem sie diesen Inhalt in Phantasien und Symptome umformulieren und damit die Lücke im Psychischen versiegeln.[47] Das Trauma selbst bleibt dadurch undarstellbar und unzugänglich, obgleich es im Symptom repräsentiert wiederkehrt.

Die Bildung körperlicher Symptome entsteht durch Bahnung abnormer Reflexe, die nach den Gesetzen der Assoziation erfolgt. Zwischen dem Affekt und seinem Reflex liegen Reihen von assoziierten Vorstellungen, die durch eine Assoziationskette verbunden sind. Die Verbindung zwischen Vergangenheit und Gegenwart wird über unbewusste Assoziationen, die auf den Bahnen der Erinnerungsspuren entlang gleiten hergestellt, die das hysterische Symptom dann wachrütteln. Die hysterische Symptombildung erfolgt durch ein immer neues, verdichtendes und verschiebendes Wiederholen der Vorstellungen, zwei Mechanismen, die eine Erläuterung verdienen, da sie Einblick in den Ablauf der Symptombildung geben.

In der Verschiebung löst sich die Besetzungsenergie (Affekt) von den Vorstellungen und gleitet die Assoziationswege entlang. Es ist der Vorgang, der die Libido von den Vorstellungen abzieht und auf eine andere Vorstellung überträgt. Bei der Verdichtung häuft sich die Besetzungsenergie auf einer Vorstellung an, die der Kreuzungspunkt mehrerer Assoziationsketten ist. In der Verschiebung geht es um die Verbindung durch Kontiguität, ein metonymischer Modus, während eine Assoziation, die durch Ähnlichkeit zu Stande kommt, dem Vorgang der Verdichtung entspricht, die der Metaphorik gleicht.[48]

Das hysterische Symptom tritt in Erscheinung, wenn Wahrnehmung und Phantasie zusammenfallen, wenn sich die Bewusstseinszustände vermischen. Wahrnehmung und Phantasie bilden in den Erinnerungsspuren eine Einheit, deren Struktur der der Symptome ähnelt; das heißt Erinnerung und Symptom weisen Ähnlichkeiten auf. Ihr ähnliches Wesen leitet sich aus der Einheit ab, die sie im Zwischenbereich der sich opponierenden Kräfte des Kerns (das Unbewusste) und der Schale (das Vorbewusste-Bewusste) bilden und deren Forderungen sie in dieser Einheit vollziehen.[49]

---

[47] Vgl. Bronfen, Elisabeth: „Mourning becomes Hysteria." In: Trauer tragen – Trauer zeigen. Inszenierungen der Geschlechter. Hg. v. Gisela Ecker. München: Fink 1999, S. 37f.
[48] Vgl. Laplanche u. Pontalis (1994): 603f.
[49] Der psychische Apparat besteht aus verschiedenen Systemen, die sich wiederum unterteilen und die bestimmten Funktionen übernehmen. Die erste Konzeption Freuds unterscheidet Unbewusst,

Die verdrängte Erinnerungsspur agiert innerhalb des Bereichs, der zwischen Kern und Schale liegt. Sie vermittelt Botschaften des Systems Vorbewusst-Bewusst an den psychischen Kern, das Unbewusste, und sendet dessen Antwort in Form von affektgeladenen Repräsentationen an die äußere Schale, an das Bewusstsein zurück. Die Einschreibung einer Erinnerungsspur findet in diesem Zwischenbereich statt. Die Erinnerungsspuren, die pathogene Vorstellungen enthalten, befinden sich in konstanter Aktivität; sie haben die gleiche Vermittlungsfunktion zwischen Schale und Kern wie Affekte, Repräsentationen oder Phantasien. Ihre Aktivität richtet sich nach ihren jeweiligen Berührungspunkten: Zum Kern hin besetzen sie, den Gesetzen des Primärvorgangs[50] gehorchend, Repräsentationen mit Vorstellungen, die ein ursprüngliches Befriedigungserlebnis halluzinatorisch reproduzieren, und zur Schale hin folgen sie dem Sekundärvorgang, ihre Energie bindend, nach wachem Denken und kontrollierter Handlung richten. In dieser Hinsicht kann die Erinnerung mit dem Symptom gleichgesetzt werden und als „mnemisches Symbol" gedeutet werden. Im pathologischen Fall agiert die Erinnerungsspur in Beziehung zum Unbewussten, indem sie seinen Gesetzen folgt. Sie zieht andere Spuren in ihren Bann, zu denen sie in Verbindung steht, und bricht letztendlich als Rückkehr des Verdrängten ins Bewusstsein vor.

Der Hysterie liegt also die Konversion als hysterischer Mechanismus zu Grunde. In ihr bildet der Vorgang der Symptombildung den Bereich, in dem die Erinnerung ihre Aktivitäten entfaltet und wirkt. Mit dessen Beschreibung wird eine Darstellung des von Freud entworfenen Systems notwendig, das auf der Grundlage seiner Vorstellung vom psychischen Apparat ein Modell des Systems entwirft, in dem die Erinnerungen agieren.

Vorbewusst und Bewusst, denen jeweils eine eigene Funktion, Abwehrform, Besetzungsenergie und Inhalt zugeschrieben wird und die drei Instanzen Es, Ich und Über-Ich. Verhaltensweisen, Vorstellungen und Erinnerungen, die nicht zur Verfügung stehen und dennoch wirksam sind, verteilen sich auf diese Systeme. Zur Veranschaulichung des psychischen Apparates spricht Freud vom Es als Kern, dem das Unbewusste zuzuordnen wäre und dem Ich als dessen Schale, dem der Bereich Vorbewusst-Bewusst entsprechen würde. Vgl. Laplanche u. Pontalis (1994).

[50] Primär- und Sekundärvorgang sind Funktionsweisen des psychischen Apparates, deren Mechanismen den Gesetzen des Systems dem sie inhärent sind folgt. Der Primärvorgang kennzeichnet das System Unbewusst, in welchem die freie Energie nach den Mechanismen der Verschiebung und Verdichtung auf dem schnellsten Weg von einer Vorstellung zur anderen übergeht und danach strebt diese vollständig, ein ursprüngliches Befriedigungserlebnis imitierend, zu besetzen. Der Sekundärvorgang kennzeichnet das System Vorbewusst-Bewusst, in welchem die Energie gebunden in kontrollierter Form abströmt und Vorstellungen auf eine reguläre, stabile Weise besetzt. Vgl. Laplanche u. Pontalis (1994).

2.5 Erinnerung

Freud entwirft das hysterische Gefüge als ein Gebilde mit drei Schichtungen, womit er gleichzeitig ein System der Erinnerung innerhalb der Psyche konstruiert.
Dabei geht er von der Annahme aus, dass nicht nur eine pathogene Erinnerung vorherrscht, sondern mehrere Reihen von Partialtraumen und Verkettungen von pathogenen Gedankengängen existieren. Im Innersten der Schichten sitzt der Kern der pathogenen Erinnerungen, der die traumatische Vorstellung enthält. Um diesen Kern herum lagert sich in dreifacher Anordnung das Erinnerungsmaterial.
Das Erinnerungsthema (Inhalt) ordnet sich in umgekehrter linearer Chronologie an und ist konzentrisch um den pathogenen Kern geschichtet. Die äußere Hülle ist dabei leicht zugänglich, während es immer schwieriger wird, zu den unteren Schichten vorzudringen. Die dritte Anordnung betrifft die logische Ordnung der Erinnerungsinhalte, die einen dynamischen Charakter hat. Freud greift zur Veranschaulichung auf die Metapher des logischen Fadens zurück, den er auf den verschlungensten Wegen verfolgt, von oberflächlichen in tiefe Schichten und zurück. In der Darstellung des Kranken tauchen hinsichtlich des logischen Zusammenhangs Lücken auf, hinter denen Freud die Existenz unbewusster Motive vermutet. Mittels der Lücken findet sich der Anknüpfungspunkt an den logischen Faden in den äußeren Schichten, von denen aus es dann möglich ist, sich zu den unteren Schichten durchzubahnen. Hier deutet sich die therapeutische Methodik an, der die Entstehung dieses Erklärungsmodells zu verdanken ist.
Freuds „Studien über Hysterie" dokumentieren eine Art des „erinnernden Erzählens" und sind ein Beleg dafür, dass die Vergangenheit mittels Erinnerung auf Gegenwart und Zukunft einwirkt und eine Pathogenese bestimmen kann. Mit der ersichtlichen Bedeutsamkeit der Vergangenheit und der Erinnerung für die Hysterie taucht die Frage nach dessen Rolle im Gefühlshaushalt des hysterischen Patienten auf, womit nun die Trauer zum Gegenstand der Betrachtung wird.

3 Trauer

Trauer soll, von der psychoanalytischen Konzeption ausgehend, behandelt werden. Ausgangspunkt ist Freuds Trauer-Konzeption, an die Judith Butler in ihrer Auseinandersetzung mit dem Begriff der Identifizierung anknüpft, aus dem die Bedeutung der Trauer für die Ich-Bildung hervorgeht. Ein Aspekt, der im zweiten Teil an Relevanz gewinnt, da er für den Zusammenhang zwischen der Verlusterfahrung und der Identitätskrise grundlegend ist. Des weiteren knüpfen Maria Torok und Nicolas Abraham an die Freudsche Trauer-Konzeption an, um zwei Mechanismen, die Verinnerlichung und die Einverleibung, näher zu beleuchten und zu differenzieren. Beides sind Vorgänge, die über einen gesunden oder einen pathologischen Verlauf der Trauer entscheiden und daher eine Differenzierung ermöglichen, die für eine Beschäftigung mit ihrer psychopoetischen und psychopathologischen Verarbeitung in der Literatur aufschlussreich ist. Damit ist die Verbindung von Erinnerung mit Hysterie und Trauer hergestellt, die in dieser Einheit untersucht werden sollen. Deshalb wird, um dann mit dem ersten Teil der Arbeit abzuschließen, an Hand einer Interpretation Elisabeth Bronfens, die Hysterie als ‚Erkrankung an der Trauer' vorgestellt. Diese leitet zum zweiten Teil über, der kulturtheoretischen Rezeption und Deutung der Hysterie. Aber vorerst soll nun der Begriff der Trauer veranschaulicht werden.

Die Trauer ist ein weitgefasster und vielschichtiger Begriff, der einen existenziellen Einschnitt markiert und eine ontologische Konfrontation impliziert. Trauer verleiht einer gestörten Beziehung zwischen Ich und Welt, die durch einen Verlust entstanden ist, Ausdruck. Die zwei Seiten der Trauer – Verlusterfahrung als Leid und Selbstverlust einerseits und Bearbeitung der Erfahrung und Wiedergewinnung des Selbst andererseits – können in unterschiedlicher Gewichtung auftreten. Tritt ersteres in den Vordergrund, wendet sich das Subjekt von der Welt ab und zieht sich melancholisch in sich selbst zurück. Durch Letzteres ist die Möglichkeit gegeben, den erlittenen Bruch des Weltvertrauens zu überwinden, sich die Welt neu anzueignen, zu erweitern und um die Dimension des Verlorenen zu vertiefen.[51]
Die Trauer stellt eine Herausforderung für das Individuum dar, das gezwungen ist, sich zu erneuern. Trauerarbeit[52] ist ein inneres und äußeres Handeln

---

[51] Große Gefühle. Bausteine menschlichen Verhaltens. Hg. v. ZDF-nachtstudio. Frankfurt a. M.: Suhrkamp 2000, S. 125f..
[52] Die Trauerarbeit ist ein intrapsychischer Vorgang, der auf den Verlust eines Beziehungsobjekts folgt und wodurch es dem Subjekt gelingt, sich progressiv von diesem zu lösen. Der Begriff steht im Zusammenhang mit dem Begriff der psychischen Verarbeitung, der die Umwandlung der Ener-

infolge von Verlusterfahrungen, durch das sich das Individuum verändert. Innerlich wird mit Hilfe der Erinnerung der Verlust nachvollzogen und deutend bearbeitet. Äußerlich werden die gestörten sozialen Zusammenhänge verändert. Die Trauerarbeit dient der Überwindung des Verlusts, indem sie die hinterlassene Lücke, den Bruch im Sinngewebe der eigenen Welt schließt und dem Verlorenen einen Platz in einer neu gewonnenen Sinnordnung zuweist.

3.1 Die Trauer-Konzeption Freuds

Für Freud gewann die Trauer in ihrem pathologischen Zusammenhang solche Relevanz, dass er sich zur begrifflichen Differenzierung zwischen Trauer und Melancholie veranlasst sah[53]. Trauer ist für ihn die „regelmäßig[e] Reaktion auf den Verlust einer geliebten Person oder einer an ihre Stelle gerückten Abstraktion".[54] Sie zeichnet sich durch eine „tief schmerzliche Verstimmung, eine Aufhebung des Interesses für die Außenwelt, durch den Verlust der Liebesfähigkeit, durch die Hemmung jeder Leistung"[55] aus und unterscheidet sich in drei Aspekten von der Melancholie: Erstens ist der Objektverlust in der Trauer bewusst, während er in der Melancholie unbewusst ist. Zweitens stört der melancholische Ambivalenzkonflikt das Selbstwertgefühl und drittens führt die Regression der Libido[56] ins Ich zur Ich-Verarmung[57].

Die Trauerarbeit wird eingeleitet, in dem die Realitätsprüfung, angesichts des Verlusts die Aufforderung erlässt, die gesamte Libido aus ihren Verknüpfungen mit dem verlorenen Objekt abzuziehen. Dieser Vorgang wird von einem schmerzlichen Sträuben, das den Ambivalenzkonflikt kennzeichnet begleitet, der die Melancholie charakterisiert, aber auch ein wesentliches Element der Trauer ist. Gemeint ist eine affektive Ambivalenz bezüglich des verlorenen Objekts, die sich aus dem Kampf der Triebe (Liebe und Hass) herleiten lässt, womit der Konflikt der in der Trauer ausgetragen wird, in der Triebdynamik verankert ist. Jeder Trieb drückt sich auf zwei Ebenen, die losgelöst voneinander funktionieren aus: der Ebene der Vorstellung und der des Affekts.[58]

---

giequantität innerhalb des psychischen Apparates bewerkstelligt, indem er sie ableitet oder bindet. Vgl. Laplanche u. Pontalis (1994).
[53] Diesem Kapitel liegt Freuds Aufsatz „Trauer und Melancholie" zu Grunde. In ihm definiert Freud Trauer in Abgrenzung zur Melancholie.
[54] Freud, Sigmund: „Trauer und Melancholie." Studienausgabe. Bd. 3. Hg. v. Alexander Mitscherlich, Angela Richards u. James Strachey. Fischer Verlag 2000, S. 197.
[55] Freud (2000): TM: 198.
[56] Unter Libido wird diejenige Energie verstanden, die sich aus den Trieben speist, vornehmlich aus dem Sexualtrieb.
[57] Freuds Vorstellung von Ich-Verarmung geht aus folgender Beschreibung des Melancholie-Komplexes hervor.
[58] Laplanche u. Pontalis (1994): 37.

Innerhalb der Melancholie nährt sich der Ambivalenzkonflikt auf der Ebene der Affekte von der Erinnerung an Kränkungen und Enttäuschungen, an die eine Gefühlsambivalenz, das heißt Liebe und Hass gebunden sind. Der Schmerz geht aus dem Ambivalenzkonflikt hervor und begleitet die Realitätsprüfung, deren Notwendigkeit darauf zurückzuführen ist, dass sie die Bedingungen zur äußeren Welt wieder herstellt und gleichzeitig die innere Welt, die zu zerbrechen droht, wieder aufbauen hilft. Der Ambivalenzkonflikt entscheidet über den normalen oder den pathologischen Verlauf der Trauer. Freud differenziert die pathologischen Formen der Trauer in melancholisch, depressiv und manisch.

Das Pathologische der Melancholie liegt in dem Umstand, dass auf Grund der Identifizierung[59] der Ambivalenzkonflikt am Ich ausgetragen wird. Die ambivalenten Gefühle, die dem verlorenen Liebesobjekt galten, werden dem Ich, das das verinnerlichte Objekt in sich aufgenommen hat, angelastet: „Die Objektbesetzung erwies sich als wenig resistent, sie wurde aufgehoben, aber die freie Libido nicht auf ein anderes Objekt verschoben, sondern ins Ich zurückgezogen"[60]. Damit teilt sich die abgezogene Libido und regrediert einerseits auf die melancholische Identifizierung und stellt sich andererseits dem Ambivalenzkonflikt zur Verfügung. Letzterer bewirkt einen Zwiespalt zwischen der Ich-Kritik und dem durch Identifizierung veränderten Ich:

> „Auf diese Weise hatte sich der Objektverlust in einen Ichverlust verwandelt, der Konflikt zwischen dem Ich und der geliebten Person in einen Zwiespalt zwischen der Ichkritik und dem durch Identifizierung veränderten Ich."[61]

Der Melancholie-Komplex zeichnet sich dadurch aus, dass er von allen Seiten Besetzungsenergien an sich zieht und das Ich in einer Vielzahl von Einzelkämpfen im Unbewussten entleert.[62] Das entleerte Ich wird mit dem verlorenen Liebesobjekt besetzt. Somit wird die narzisstische Identifizierung mit dem Objekt zum Ersatz der Liebesbeziehung, welche nun nicht aufgegeben werden muss. Pathologisch ist dabei die sadistische Kritik des Ich-Ideals gegenüber dem Ich, das seinen Hass auf das Objekt dem Ich entgegenhält und dieses aufzehrt.

---

[59] Die Identifizierung ist ein psychischer Vorgang, durch den ein Subjekt einen Aspekt, eine Eigenschaft, ein Attribut des Anderen assimiliert und sich vollständig oder teilweise nach dem Vorbild des Anderen umwandelt. Durch diesen Vorgang konstituiert sich nach Freud das Subjekt.
[60] Freud (2000): TM: 203.
[61] Freud (2000): TM: 203.
[62] Vgl. Freud (2000): TM: 206.

Als zentralen Mechanismus der Melancholie hat Freud den Vorgang der narzisstischen Identifizierung[63] mit dem verlorenen Objekt beschrieben. Unter melancholischer Identifizierung wird folgender Vorgang verstanden:

> „Der melancholische Komplex verhält sich wie eine offene Wunde, zieht von allen Seiten Besetzungsenergien an sich [...] und entleert das Ich bis zur völligen Verarmung".[64]

Der melancholische Vorgang führt also zur vollständigen Libidobesetzung im Ich, die zur Identifizierung des Ichs mit dem Objekt führt, wodurch sich das Ich verändert. Die Melancholie entlehnt einen Teil ihrer Eigenschaften der Trauer, den anderen Teil dem Vorgang der Regression von der narzisstischen Objektwahl hin zum Narzissmus. Nachdem nun der Melancholie-Komplex ausgeführt wurde, wird im folgenden Abschnitt der Fokus auf die Funktion der Erinnerung innerhalb der Trauer gerichtet.

Den Trauernden kennzeichnet eine Interesselosigkeit gegenüber seiner Umwelt, da er auf seinen Schmerz und seine Erinnerungen fixiert ist. Die normale Trauer überwindet den Verlust und absorbiert während ihres Bestehens alle Energien des Ichs. Das verlorene Objekt ist durch Vorstellungen, das heißt Erinnerungen im psychischen Apparat des Trauernden vertreten, die sich aus vielen Einzeleindrücken zusammensetzen und unbewusste Spuren hinterlassen haben. Die Libidoabziehung spielt sich im Reich des Unbewussten ab und vollzieht sich an jeder einzelnen Erinnerungsspur: „Jede einzelne Erinnerung und Erwartung, die an das Objekt gebunden war, wird eingestellt, überbesetzt und an ihr die Ablösung der Libido vollzogen."[65] Wie sich zeigte, spielt die Erinnerung im Verlauf des Trauerprozesses eine ebenso wichtige Rolle, wie innerhalb der Hysterie. Welche Rolle die Trauer für das Ich des Trauernden spielt, soll im folgenden Kapitel behandelt werden.

3.2 Die Trauer und ihre Bedeutung für das Ich

Für Freud ist, wie er in „Das Ich und das Über-Ich" feststellt, die Struktur der Trauer die Ausgangsstruktur der Ich-Bildung. Judith Butler schließt an Freuds

---

[63] Die narzisstische Identifizierung in der Melancholie ist mit der melancholischen Identifizierung gleichzusetzen, sie besteht darin, dass die Objektbesetzung aufgehoben und ins Ich zurückgezogen wird, um eine Identifizierung des Ichs mit dem verlorenen Objekt herzustellen. „Der Schatten des Objekts fiel so auf das Ich" schreibt Freud. Vgl. Freud (2000): TM: 203.
[64] Freud (2000): TM: 206.
[65] Freud (2000): TM: 199.

These, dass die melancholische Identifizierung die Bedingung sei, unter der das Es seine Objekte aufgibt, die Überlegung an,

> „daß die Verinnerlichungsstrategien der Melancholie der Trauerarbeit nicht *entgegengesetzt* [seien], sondern vielleicht sogar den einzigen Weg [darstellten], auf dem das Ich den Verlust seiner wesentlichen emotionalen Bindungen an Andere überleben [könne]."[66]

Das heißt, die Verlusterfahrung trägt dadurch zur Ich-Bildung bei, dass der Verlust durch Identifizierung überwunden wird, die darauf abzielt, den Verlorenen in der Struktur des Ichs zu beherbergen und eine neue Identitätsstruktur auszubilden. Die beiden Prozesse, der Ambivalenzkampf und die Verinnerlichung, werden so zu zwei Aspekten des Trauerprozesses. Der Ambivalenzkampf wird zur Vorbedingung für die Trauerarbeit, weil die Gefühlsambivalenz gegenüber dem Objekt verlangt, dass das Objekt solange beibehalten wird, bis die Differenzen beigelegt sind, während die Verinnerlichung eine kompensatorische Funktion einnimmt, dadurch dass sie das Liebesobjekt bewahrt und nicht aufgibt.[67]

Über die Grenzziehung zwischen Trauer und Melancholie herrscht Unstimmigkeit im wissenschaftlichen Diskurs. Die Zuordnung ihrer Funktionen ist für die Reichweite und die Bestimmung der Begriffe von Bedeutung. Im Trauerprozess fördert beispielsweise die Verinnerlichung (Introjektion) im Gegensatz zur einverleibenden Identifizierung[68] (Inkorporation), die der Melancholie zugerechnet wird, die Ich-Bildung:

> „Die Introjektion strebt nach metaphorischen Ersetzungen, während die Inkorporation, die einverleibende Identifizierung, entmetaphorisiert und den unbetrauerten Anderen in einer Krypta einschließt."[69]

Introjektion und Inkorporation stehen also für eine heilende Ersetzung und eine pathologische Verkapselung. Die folgende begriffliche Differenzierung zwischen Introjektion und Inkorporation, erhellt den Unterschied zwischen einer normalen und einer krankhaften Entwicklung des Ichs.

---

[66] Butler, Judith: Das Unbehagen der Geschlechter. Frankfurt a. M.: Suhrkamp 1991, S. 95.
[67] Vgl. Butler (1991): 99.
[68] In diesem Zusammenhang geht es um eine differenzierte Betrachtung des Mechanismus der Identifizierung. Im letzten Kapitel tauchten schon die Begriffe narzisstische und melancholische Identifizierung auf, die gleichgesetzt wurden. Nun folgt die begriffliche Differenzierung zwischen einverleibender und verinnerlichender Identifizierung, womit deutlich wird, dass sie verschiedene Aspekte eines Gesamtbegriffs bezeichnen.
[69] Ecker (1999): 21.

Die Inkorporation (Einverleibung) ist ein Vorgang innerhalb der Phantasie, in dem das Ich ein Objekt in sein Inneres eindringen lässt und es dort aufbewahrt. Sie stellt ein Triebziel und eine Form der Objektbeziehung dar. Freud zufolge gibt es drei Möglichkeiten: Das Eindringen des Objekts kann erstens Lust erzeugen, kann zweitens zu dessen Zerstörung führen und drittens können dessen Qualitäten angeeignet werden. Der letztgenannte Vorgang bezeichnet die Art der Einverleibung, die zur Matrix der Introjektion und der Identifizierung wird.[70] Mittels der Introjektion (Verinnerlichung) lässt das Ich Objekte und diesen Objekten inhärente Qualitäten von ‚Außen' nach ‚Innen', das heißt in den psychischen Apparat, gelangen. Der Vorgang der Introjektion unterscheidet sich von dem der Inkorporation dadurch, dass letzterer sich ausdrücklich auf die „Körperhülle" bezieht, während bei der Introjektion das Innere des psychischen Apparates gemeint ist.[71]

Nicolas Abraham und Maria Torok[72] zufolge wird Introjektion als Synthese und Verlängerung von verschiedenen Mechanismen, wie das Abreagieren, die Bindung und die Trauerarbeit gesehen. Sie ist ein konstanter Prozess der Akquisition (Aneignung) und der Assimilation (Anpassung): die aktive Ausweitung des psychischen Potenzials, um auftauchende Wünsche, Sehnsüchte und Gefühle, als auch Erlebnisse und Einflüsse der äußeren Welt, zu platzieren und zu integrieren. Beide Autoren gehen davon aus, dass die meisten Psychopathologien mit einer Störung der Introjektion aufkommen.[73] Abraham und Torok zufolge ist

> „Introjection [...] the process of psychic nourishment, growth, and assimilation, [...] it is the continual process of self-fashioning through the fructification of change, [...] introjection represents our ability to survive shock, trauma, or loss; it is the psychic process that allows human beings to continue to live harmoniously in spite of instability, devastation, war, and upheaval."[74]

Introjektion ist also der Prozess, der die innere Entwicklung und Assimilationsfähigkeit garantiert, und Selbstfindung trotz innerer und äußerer Veränderung angesichts von Verlusten ermöglicht.

Die Introjektion ist derjenige Mechanismus, der das Unbewusste durch Objektkontakt ins Ich einfließen lässt und instinktiven Bedürfnissen mittels

---

[70] Laplanche u. Pontalis (1994): 128.
[71] Vgl. Laplanche u. Pontalis (1994): 235f.
[72] Die zwei Psychoanalytiker Nicolas Abraham und Maria Torok setzen sich, zwischen Psychoanalyse und Philosophie bewegend, eingängig mit diesen beiden Begriffen und ihrem Bezug zur Trauer auseinander.
[73] Vgl. Abraham u. Torok (1994): 9f.
[74] Abraham u. Torok (1994): 14.

Wünschen oder Wunschvorstellungen im Ich Gehör verschafft. Normalerweise nutzt das Ich das Objekt, um sich von libidinösen Strömungen zu ernähren. Es macht das Objekt zu einem Pol seiner Entwicklung, auf den sich seine Aufmerksamkeit richtet. Wenn die Introjektion vollzogen ist, wird dem Objekt sein Status entzogen. Der Objektverlust stoppt diesen Vorgang. Weitere Hindernisse für eine gelingende Introjektion sind unter anderem krankes Trauern oder der Einschluss in eine Krypta, die einen unaussprechbaren Wunsch begräbt.

In ihrem Aufsatz „The Illness of Mourning or the Fantasy of the Exquisite Corpse" legt Maria Torok den Fokus auf unerwünschte, beschämende oder der Realität entgegenlaufende Phantasien und die Tendenz schmerzliche Ereignisse zu isolieren, um die Tragweite der Inkorporation zu verdeutlichen. Diese Vorgänge erlangen Gewicht, indem sie von der freien Zirkulation mit Ideen, Gefühlen, Vorstellungen, und dem Kontakt mit anderen Subjekten, ferngehalten werden. Diese Entfernung einer unerträglichen Realität durch Verschiebung in eine unerreichbare Region der Psyche ist der Aspekt, den Torok Inkorporation oder *preservative repression* nennt: „Preservative repression seals off access to part of one's own life in order to shelter from view the traumatic monument of an obliterate event."[75] Inkorporation ähnelt also der Freudschen Verdrängung. Wie die Verdrängung nimmt sie das Objekt diesmal ins Ich auf, um für die verlorene Lust und die verfehlte Introjektion aufzukommen.

Das Ziel der Inkorporation ist, Torok zufolge, die heimliche Rückgewinnung eines Objekts, das seine Funktion verlassen hat, der Introjektion von Wunschvorstellungen zu dienen. Introjektion verhindert Objektabhängigkeit, während Inkorporation sie mittels imaginärer Bande fördert. Die Inkorporation erinnert an das verdrängte Begehren und die unterdrückten Wünsche. Wie ein Mahnmal markiert das inkorporierte Objekt den Ort, die Umstände und die Zeit, in welchen die Wunschvorstellungen von der Introjektion abgeschnitten wurden. Sie stehen wie Gräber im Leben des Ichs.

Hinter der begrifflichen Differenzierung der Introjektion und der Inkorporation bei Nicolas Abraham und Maria Torok steht, wie bei Judith Butlers Auseinandersetzung mit der melancholischen Identifizierung, die Frage nach dem Zusammenhang von Trauer und Identitätsbildung. Die Perspektive verschiebt sich bei den Autoren, da das Interesse von Abraham und Torok im pathologischen Aspekt gründet und für Butler die *gender identification* der Anlass ist, sich mit dem Melancholie-Komplex auseinander zu setzen. Für die vorliegende Arbeit ist eine Betrachtung dieses Themenkomplexes hinsichtlich der

---

[75] Abraham u. Torok (1994): 18.

menschlichen Fähigkeit auf Verlust und Wandel zu reagieren, das heißt im Hinblick auf die Trauer, aufschlussreich.
Introjektion und die melancholische Identifizierung sind demzufolge die grundlegenden Formen, die dem Menschen hinsichtlich Aneignung und Anpassung an seine Umwelt zur Verfügung stehen. Zwei Fähigkeiten, die für die Konstruktion von Identität und den Umgang mit Ambivalenz und Kontingenz in der Welt eine Rolle spielen. Inkorporation stellt im Gegensatz zu den vorangehenden Fähigkeiten eine krankhafte Form der psychischen Verarbeitung dar. Wie sie sich zur Trauer verhält, soll im folgenden Kapitel dargestellt werden. Auf den Ausführungen von Torok aufbauend, wird der Bogen zur Trauer geschlagen und der Zusammenhang zur Sprache kurz angerissen.

3.3 Inkorporation und die Sprache der Trauer

Maria Torok geht von einer weitgefassten Trauer-Definition aus, die Zeiten eines Wandels als Phasen der Trauer begreift: „The illness of mourning is a special case of a wider and more inclusive framework of disturbances that generally characterize periods of transition."[76] Die Integrität des Ichs bürgt für den normalen Ablauf der Trauer.

Wenn die Introjektion des verlorenen Objekts unvollständig war, befindet sich das unvollständige und abhängige Ich in einer sich selbst widersprechenden Situation. Es muss dann das Objekt um jeden Preis am Leben erhalten, womit der pathologische Verlauf seinen Anfang nimmt. Auf den Wörtern und durch die Wörter wird laut Maria Torok der pathologische Mechanismus in Gang gebracht: „[T]he words themselves [...] are deemed to be generators of a situation that must be avoided and voided retroactively."[77] Die Verdrängung liegt nicht allein bei den unterdrückten und verschwundenen Wörtern, Bildern, Gedanken oder Phantasien, die in den Vorstellungsinhalten vertreten sind, sondern sie funktioniert durch die Wörter selbst.

> „[P]sychic representatives, like the symbols of poetry, are mysterious messages from one knows not what to one knows not whom; they reveal their allusiveness only in context, although the 'to what' of the allusion must necessarily stop short of articulation."[78]

Vorstellungen, die Triebrepräsentanzen sind, vergleicht Torok mit den Symbolen der Dichtung, die nur in ihrem Kontext deutbar sind. Ihre Äußerungen entziehen sich dem Verständnis bei jeglichem Versuch, ihre Motivation zu

---

[76] Abraham u. Torok (1994): 124.
[77] Abraham u. Torok (1994): 18.
[78] Abraham u. Torok (1994): 86.

deuten. Die Benennung vermittels der Wörter, als bewusster oder unbewusster Vorgang, konfirmiert, dass eine Introjektion stattgefunden hat und der Vorstellungsinhalt kein pathogener ist. Vor dem Hintergrund dieser Erläuterungen verdeutlicht sich das Gewicht, dass der Sprache für die Strukturierung der Psyche und der Ich-Bildung zukommt. Eine andere Parallele ergibt sich bei der Betrachtung der Hysterie. Denn der Kern der Hysterie liegt in dem Umstand, dass die körperlichen Symptome eine symbolische Beziehung zu den unbewussten Phantasien des hysterischen Patienten unterhalten, die wiederum an die Sprache gebunden sind. In welchem Zusammenhang die Hysterie mit der Trauer steht, soll im folgenden Kapitel behandelt werden.

3.4 Trauer und Hysterie

Freud betont in seinem Aufsatz „Über Psychoanalyse", dass es einen Zusammenhang zwischen Trauer und Hysterie gibt:

> „[D]ie Hysterischen und Neurotiker alle; [...] die längst vergangene[n] [...] schmerzliche[n] Erlebnisse erinnern, sie hängen noch affektvoll an ihnen, sie kommen von der Vergangenheit nicht los und vernachlässigen für sie die Wirklichkeit und die Gegenwart."[79]

Laut Elisabeth Bronfen kann Hysterie „als ein Erkranken an der Trauer" interpretiert werden. Sie weist darauf hin, dass in Freuds „Studien über Hysterie"

> „ständig [...] schmerzhafte Szenen des Mangels, der Fehlbarkeit und Verletzbarkeit [ursächlich auf die hysterischen Symptome zurückzuführen], also stets auf Eindrücke zurückgehen, die mit dem Tod von geliebten Menschen, mit Unglück und mit Verlust in Zusammenhang stehen."[80]

Das gemeinsame Element, das die Hysterie mit der Trauer verbindet, liegt in dem Umstand, dass „es sich um einen unbekannten und dem Bewusstsein nie zugänglichen Verlust handelt"[81], der die Pathogenese der Hysterie ausmacht. In der Trauer und der Hysterie spielt der Schmerz eine wesentliche Rolle. In beiden Fällen bewirkt die psychische Ursache eine körperliche Rückkopplung, die einmal ein verträgliches und das andere Mal ein unverträgliches Maß hat.

---

[79] Freud, Sigmund: Abriss der Psychoanalyse. Einführende Darstellungen. Einleitung von F.-W. Eichhoff. Frankfurt a. M.: Fischer 1994, S. 115. Zit. nach: Bronfen (1999): 33.
[80] Bronfen (1999): 36.
[81] Bronfen (1999): 33.

Ist Letzteres der Fall, schlägt die Trauer in Hysterie um und wird somit ‚erträglich'. In ihr greifen psychisches und physisches Schmerzempfinden oder Schmerzlosigkeit ineinander.

Elisabeth Bronfens Anliegen, eine Analogie zwischen „melancholischer" Trauer und Hysterie herzustellen, indem sie beide als Modi der Selbstartikulation von nicht benennbarem Leid betrachtet, ist für die vorliegende Arbeit grundlegend. Sie führt die Ursache der Hysterie auf den Einfluss einer „Trauer um Verlorenes" und auf Versehrtheit an Hand der Fallgeschichte von Anna O. zurück.[82] Die Ursächlichkeit der Hysterie spielt im Hinblick auf die vorliegende Betrachtung eine unwesentliche Rolle, da der Fokus auf die Erinnerung innerhalb des hysterischen Modus gerichtet wird. Nichtsdestotrotz sind ihre anschließenden Überlegungen, die die Analogie zwischen der Trauer und der Hysterie ausführen, für diese Arbeit bedeutsam.

Die Trauerarbeit und die Hysterie weisen mehrere Parallelen auf, beides sind psychische Verarbeitungsformen. Die Trauerarbeit ist eine psychische Verarbeitung, die infolge eines Verlusts auftritt, die Hysterie eine pathologische Konfliktverarbeitung, die ebenfalls aus einem diesmal undurchsichtigeren Verlust heraus oder infolge eines Mangels einsetzt. Elisabeth Bronfen begreift Hysterie als Repräsentationsstrategie,

> „die sich einer komplexen und raffinierten Körpersprache bedient, und zwar im gleichen Zuge, in dem die Umformungen des Körpers durch eine radikale Negativität, durch das schmerzhafte und quälende Wissen um Verlust bewirkt werden, gegen die sie im Sinne einer Trauerarbeit aber auch als Schutzschild wirken."[83]

Die „melancholische" Trauer ähnelt der Symptombildung der Hysterie. Der Zusammenhang liegt darin, dass es eine melancholische und eine hysterische Identifizierung mit dem Objekt gibt. In der Melancholie wird innerhalb der narzisstischen Identifizierung die Objektbesetzung offen gelassen, während sie bei der Hysterischen bestehen bleibt und eine Wirkung äußert, die sich gewöhnlich auf gewisse einzelne Aktionen und Innervationen beschränkt.[84] In der Hysterie basiert die Identifizierung auf der Existenz eines unbewussten, diesen Personen gemeinsamen Elements, die dann durch Ansteckung und Imitation erfolgt:

---

[82] Vgl. Bronfen (1999): 41.
[83] Bronfen (1999): 36.
[84] Vgl. Freud (2000): TM: 204.

> „Die Identifizierung ist also nicht simple Imitation, sondern Aneignung auf Grund des gleichen ätiologischen Anspruches; sie drückt ein ‚gleichwie' aus und bezieht sich auf ein im Unbewußten verbleibendes Gemeinsames."[85]

Dies gemeinsame Element ist eine Phantasie. Vergleichend zwischen dem Mechanismus der Hysterie und dem der Trauerarbeit, finden sich Parallelen im Hinblick der Funktion der Erinnerung im Strukturaufbau beider Mechanismen. In Freuds „Studien über Hysterie" wird die Pathogenese der Hysterie unlösbar mit der trauernden Erinnerung verschränkt. Denn die nicht abreagierten Reminiszenzen sind Erinnerungsspuren, die in Gestalt der hysterischen Symptome eine Art Gedenkstätte erhalten. Die Ähnlichkeit zwischen den Abläufen wird bei Betrachtung des hysterischen Modus sichtbar. Wie in den vorangehenden Kapiteln ausführlich beschrieben wurde, macht sich der nicht abreagierte Affekt im Symptom bemerkbar und zwingt das Ich zu einer „steten Trauer". Ebenso wie die Trauer ist die Hysterie von einer Gefühlsambivalenz gezeichnet:

> „Die Hysterie [...] hält ebenso hartnäckig an dem Verlust und somit an der Verflüssigung der Grenze zwischen Objektverlust und Ichverlust fest, wie sie den Ambivalenzkonflikt zwischen Haß und Liebe für das real verlorene oder das als Mangelndes wahrgenommene identitätsstiftende Liebesobjekt durchspielt."[86]

Somit wäre die Hysterie als Trauer um einen unbestimmten Verlust zu betrachten, die sich aus der „trauernden Erhaltung der Vergangenheit" und dem „Gedenken an psychische Verluste, Mangel und Verwundungen"[87] speist. Sie ist unbewusst, da sie durch eine Lücke im Psychischen abgetrennt und unzugänglich bleibt und auf Grund einer Bewusstseinsspaltung die Anwesenheit der Erinnerung verdeckt ist, – und somit auch die Trauer.
Bronfen geht noch einen Schritt weiter, indem sie das Spezifische der Hysterie darin sieht, „daß die Grenze zwischen den beiden Zuständen flüssig gehalten wird, daß Vergangenes somit wie Gegenwärtiges erfahren und die Trauer gelebt wird, als wäre sie der normale Alltag."[88] In dieser Perspektive wird die Betrachtung der Hysterie als unbewusste, kranke Trauer plausibel. Als solche soll sie im zweiten Teil der Arbeit, der sich zwei literarischen Texten widmet, betrachtet werden. Nachdem die Funktion der Erinnerung in Freuds Hysterie-

---

[85] Laplanche u. Pontalis (1994): 219f..
[86] Bronfen (1999): 32.
[87] Bronfen (1999): 38.
[88] Bronfen (1999): 40.

Konzept vorgestellt und in Bezug zur Trauer gesetzt wurde, soll nun ein Blick auf die kulturtheoretischen Deutungen der Hysterie die zeitgeschichtlichen Bezüge herstellen.

4 Erinnerung und Hysterie in der Wiener Moderne

Ein weibliches Krankheitsbild[89] der Wiener Moderne – die Hysterie – soll als kulturelles Zeichen gelesen werden, um Aufschluss über die Zeit zu geben. Der Zusammenhang zwischen Kultur und Krankheit ist im Fall der Hysterie in der sprachlichen und kommunikativen Bedeutung und in den von ihr abhängigen Deutungsmustern[90] zu suchen. In diesem Kapitel soll die Verbindung zwischen Hysterie und Sprache, die in einem averbalen Ausdrucksvermögen liegt, und die über die historischen Deutungsmuster der „Krankheit" ersichtlich wird, herausgestellt werden. Deutungsmuster stehen dabei für Metaphern eines bestimmten Wunschbildes der Zeit, – in diesem Fall von Arzt und Dichter.

Im heutigen wissenschaftlichen Diskurs wird Hysterie als funktionelle Störung betrachtet. Die Psychiatrie geht davon aus, dass Hysterie keine Krankheitseinheit mehr bildet, sondern ein „Modus der hysterischen Konfliktverarbeitung"[91] ist, der in verschiedenen Krankheiten auftauchen kann. Dieser Modus gleicht einer Inszenierung: „[H]ysterische Phänomene [sind] unbewußte szenische Darstellungen, unbewußte ‚tendenziöse' Inszenierungen"[92], deren „szenenträchtiges Material [...] Ambivalenzen, unlösbare Konflikte, Gegenüberstellungen und [das] Aufeinanderprallen von Gegensätzen"[93] enthält. Vom kulturtheoretischen Standpunkt aus, dem diese Definition zu Grunde liegt, wird in der Theatralik der Hysterie ein Kommunikationsversuch gesehen, der Versuch einer Beziehungsaufnahme zum Anderen. Der kommunikative Charakter des Symptoms macht es zum averbalen Ausdrucksmittel. Das Symptom stellt einen symbolischen Ausdruck für das Verdrängte dar, das auf einen Mangel hinweist. Die Hysterie führt somit eine Strategie vor, die darauf gerichtet ist, die inneren Brüche des Ich konstruktiv als Mangel zum Ausdruck

---

[89] Die Hysterie wurde um 1900 dem Weiblichen zugeschrieben, obwohl in Fachkreisen die männliche Hysterie bekannt war, jedoch mehr oder weniger tabuisiert wurde. Auf Grund der gängigen Zuschreibung wird die Hysterie im Rahmen des Weiblichen behandelt.
[90] Kulturellen Deutungsmustern kommt eine stabilisierende kulturelle Funktion zu, denn sie produzieren mit dem Wissen, den Ideologien, subjektiven Problemen, Bedürfnissen und Interessen, die sie verbreiten, ‚Einstellungen, Denk- und Verhaltensweisen und gewährleisten einen identifikatorischen Zusammenhang zwischen Individuum und Gesellschaft'. Diese Deutungsmuster beinhalten auch ‚Grenzsituationen des menschlichen Lebens', wie die Hysterie, die als Grenzsituation oder Krisenphänomen im Rahmen des offiziellen Wertesystems sinnhaft eingebettet wird. „Daß Deutungsmuster generell ‚als Antworten auf konkrete Probleme entstehen', zeigt sich gerade auch am Beispiel der verstärkt auftretenden Hysterieausbrüche jener Zeit, welche eine Vielzahl von Forschungen hervorriefen." Schaps, Regina: Hysterie und Weiblichkeit. Wissenschaftsmythen über die Frau. Frankfurt a. M., N. Y.: Campus Verlag 1992, S. 12.
[91] Mentzos (1986): 116.
[92] Mentzos (1986): 21.
[93] Mentzos (1986): 53.

zu bringen. Sie begibt sich in ein Wechselspiel mit den Wunschbildern der Epoche, die einerseits in sie hineinprojiziert werden und die sie andererseits widerspiegelt. In Anlehnung an Christina von Brauns Deutung wird Hysterie als „Zerrbild des kollektiven Imaginären"[94] von Weiblichkeit betrachtet, das sich aus verschiedenen Deutungsmustern von Frauenbildern zusammensetzt. Die „Metaphorisierung des ‚nervösen' Zeitgeistes um 1900" fällt Barbara Lersch-Schumacher zufolge unter das „Signum des Weiblichen" und unter die Zwangsneurose. Das Weibliche wird um 1900 mit Sprachlosigkeit kodiert. Mittels ihrer Körpersprache wehrt sich die Hysterikerin gegen die aufgezwungene Sprachlosigkeit. An Hand der Kategorie Weiblichkeit als „internem Anderen" lässt sich verfolgen, wie eine Kultur ihre eigene kulturelle Identität konstruiert und absichert. Dabei erweist sich diese Kategorie als vorteilhaft, da sie „eine Schnittstelle im Anderen [...] zwischen einem tendenziell zu ähnlichen Anderen, das die Differenz assimiliert und nivelliert, und einem radikal unähnlichen Anderen, das keine Vermittlungsinstanz mehr zuläßt"[95], besetzt. Die Hysterie taucht auf, wenn vom Weiblichen als anatomischer Kategorie oder als Metapher für das Andere die Rede ist. In ihr vermischen sich Krankhaftigkeit und Normalität.[96]

Generell ist es problematisch, das Weibliche mit dem Anderen gleichzusetzen, da es zur allgemeinen Metapher für all das wird, was der abendländischen Logik entgegenläuft.[97] Die Perspektive des Weiblichen als das Andere ist allerdings für den kulturgeschichtlichen Rahmen der Moderne fruchtbar, da dort die Frau als Denkmetapher für das Andere steht. Die Verbindung des Weiblichen mit der Kulturkrise der Moderne liegt in dem Umstand, dass die Fragen, die Letztere aufwirft, am Bild und am Körper der Frau ausgetragen werden. In der Hysterie kommt eine Weiblichkeitsproblematik zum Ausdruck, die in ihrem Kern mit einer Subjekt- und Identifikationsproblematik verknüpft ist. So kann die Hysterie Christina von Braun zufolge als Krankheit der

---

[94] „Der Begriff des ‚kollektiven Imaginären' ist eher dem verwandt, was Benjamin als ‚Wunschbilder' oder ‚Bilder' bezeichnet hat, die „einer bestimmten Zeit angehören" und deren eigen ist, „erst in einer bestimmten Zeit zur Lesbarkeit [zu] kommen". [...] Das ‚kollektive Imaginäre', besteht aus den historisch *wandelbaren* Leitbildern oder Idealentwürfen, die jede Epoche hervorbringt und die dazu beitragen, das Selbstbild und Gesicht der Gesellschaft dieser Epoche zu prägen.
[94] Braun, Christina von: „Frauenkrankheiten als Spiegelbild der Geschichte". In: Von der Auffälligkeit des Leibes. Hg. v. Farideh Akashe-Böhme. Frankfurt a. M.: Suhrkamp 1995, S. 124f..
[95] Julika Funk: „Maske – Grenze – Geschlecht. Bemerkungen zur Lesbarkeit von Geschlechterdifferenz im kulturellen Gedächtnis der Moderne." In: Deutsche Vierteljahrsschrift für Literaturwissenschaft und Geistesgeschichte. Sonderheft. Hg. v. Aleida Assmann, Manfred Weinberg u. Martin Windisch. Jg. 72 (1998), S. 200.
[96] Vgl. von Braun (1995): 98.
[97] Vgl. Weigel, Sigrid: „‚Das Weibliche als Metapher des Metonymischen'. Kritische Überlegungen zur Konstitution des Weiblichen als Verfahren oder Schreibweise." In: Inge Stephan (Hg.): Für und Wider einer Psychoanalyse literarischer Werke. Tübingen 1986, S. 108.

Ichlosigkeit gedeutet werden, da der Hysterikerin kein Subjektstatus zugesprochen wird. Sie ist sich ihrer Identität nicht sicher und außerdem unfähig selbstbestimmt zu handeln. Ihr Leiden wird von dem vergeblichen Versuch mittels Identifikationen eine eigene Identität zu konstruieren bestimmt.
Jürgen Straub zieht in Bezug auf Simmel den Vergleich zwischen Identitätskrise und Hysterie. Bei Simmel wird das Weibliche als undifferenzierbare Einheit vorgestellt, da der „an der modernen Kultur leidende Mann [...] das Phantasma von der in sich ruhenden Geschlossenheit der Frau konzipiert [hat], das gesellschaftspolitisch folgenreich ist."[98] Die Hysterie erscheint vor diesem Hintergrund als gezielte Durchkreuzung dieses Frauenbildes:

> „Im Gegensatz zu diesem Ideal weiblicher Transparenz wird die Hysterie als eine Krankheit begriffen, die in zwanghaften körperlichen Vorstellungen und Inszenierungen den Verlust einer kernhaften Selbstidentität zur Schau stellt."[99]

In dieser Eigenschaft der Hysterie liegt eine Parallele zum Krisenempfinden der Wiener Moderne.
Die Hysterie soll vor dem Hintergrund ihrer kulturtheoretischen Bedeutung und dessen vielseitigen Aspekte in diesem Zusammenhang, hinsichtlich der Konstitution einer Ich-Identität, als dynamisierendes verschiebendes Moment einer beweglichen Grenze betrachtet und als Figur der Grenze gelesen werden.[100]

4.1 Hysterie im kulturtheoretischen Kontext

In der zweiten Hälfte des 19. Jahrhunderts entwickelte sich in der Literatur sowie in der medizinischen Wissenschaft ein starkes Interesse an der Psychopathologie. Diese sich in der europäischen Literatur vollziehende Wendung zu Introversion und Psychologie war eine Antwort auf das Scheitern der naturwissenschaftlich orientierten Erklärungsmodelle der Wirklichkeit in den gegenläufigen Strömungen zum Naturalismus.[101] Hofmannsthals Interesse erwächst aus einer persönlichen Krisenerfahrung um 1900. Schnitzlers Interesse ist ebenfalls persönlich motiviert. Er selbst bezeichnete sich als Hypochonder, litt unter Depressionen und war Zeit seines Lebens von einer tiefen inneren Disharmonie gezeichnet. Seine Kenntnis der geläufigen psychopathologischen

---

[98] Vgl. Assmann, Aleida u. Friese, Heidrun: „Einleitung." In: Dies. (Hg.): Identitäten. Erinnerung, Geschichte, Identität 3. Frankfurt a. M.: Suhrkamp 1999 (2. Auflage), S.18.
[99] Assmann u. Friese (1999): 18.
[100] Funk (1998): 203.
[101] Worbs (1983): 64.

Krankheitsbilder lässt sich jedoch eher auf seine Laufbahn als Mediziner zurückführen.

Die geläufigsten Nervenkrankheiten der Zeit sind die Nervosität und die Hysterie, die aus der Erschütterung der mentalen und emotionalen Befindlichkeit des modernen Individuums entstanden, die die Modernitätsschübe verursacht hatten. Es sind die aus dem Epochenwandel hervorgehenden Brüche, auf die die Krisenerfahrung zurückzuführen ist, die sich in den Werken Schnitzlers und Hofmannsthals widerspiegelt und die den Anstoß zur Auseinandersetzung mit der Gegenwart und mit der weggebrochenen Vergangenheit gibt. Von der Gegenwart ausgehend, kann nur mittels der Erinnerung die Vergangenheit beleuchtet werden. Die Erinnerung stellt die Verbindung zur Vergangenheit her und hat Einfluss auf Identitätsentwürfe, Gegenwartsdeutungen und Geltungsansprüche, womit sie eine fundamentale Bedeutung für den Menschen erhält.

Unter Erinnerung wird der „sowohl spontan als auch methodisch bewußt in Gang gebrachte Vergegenwärtigungs- bzw. Aneignungsprozeß vergangener Erfahrungen" verstanden.[102] Einerseits sichert die Erinnerung Kontinuität. Durch den Rückgriff auf Vergangenes (das Erinnerungsmaterial) unterliegt andererseits das Vergangene im Erinnern einem Wandel, der es vom Vergangenen unterscheidet. Die drei Formen, die das Erinnerungsmaterial stabilisieren – das Gefühl, das Symbol und das Trauma – ergeben ein Dreieck, das zwischen pathologischer Fremd- und freier Selbstbestimmung anzusiedeln ist. Das Gefühl als Verstärker von Wahrnehmungen konserviert Erinnerungselemente, die als Erinnerungsspuren beziehungslos im Gedächtnis nebeneinander stehen.[103] Wenn die Empfindung ein erträgliches Maß übersteigt, dann stabilisiert sie die Erinnerung nicht, sondern zerschlägt sie. Dies erfolgt im Fall eines Traumas, das sich dem Körper einschreibt und sich der sprachlichen und deutenden Bearbeitung entzieht: „Trauma, das ist die Unmöglichkeit der Narration."[104] Umgekehrt steigert das Symbol durch Versprachlichung die Wirksamkeit der Einprägung der Erinnerung, das heißt die Erinnerung festigt sich mittels hermeneutischer Deutung.[105]

---

[102] Vgl. Assmann: Mnemosyne, S. 91.
[103] Vgl. Aleida Assmann: „Stabilisatoren der Erinnerung – Affekt, Symbol, Trauma." In: Die dunkle Spur der Vergangenheit. Psychoanalytische Zugänge zum Geschichtsbewußtsein. Hg. v. Jörn Rüsen u. Jürgen Straub. Frankfurt a. M.: Suhrkamp 1998, S. 151.
[104] Assmann (1998): 151.
[105] Siehe Kap. 2.5.

4.2 Die Rezeption der „Studien über Hysterie" bei Schnitzler und Hofmannsthal

Die ersten Kontakte Schnitzlers mit Freud fallen in die Entstehungszeit der psychoanalytischen Grundgedanken. Schnitzler war fünf Jahre lang Assistent seines Vaters an der Wiener Poliklinik und Redakteur der Internationalen Klinischen Rundschau. Freud wurde von Theodor Meynert aufgefordert, Charcots Thesen, die er aus Paris mitgebracht hatte, am ‚Material seiner Klinik' zu demonstrieren. Obwohl er dem mit Erfolg nachkam, gelang es ihm nicht, die Wiener Ärzteschaft zu überzeugen. Stattdessen loste das Ereignis einen Streit innerhalb der Wiener Medizin aus.
Schnitzler hat sehr genau die medizinische Diskussion, besonders auf psychiatrischem Gebiet, verfolgt. Er nutzte seine Redakteurstätigkeit, um sich in den entstandenen Streit einzuschalten und die Partei Charcots und damit Freuds zu ergreifen. Freud ist dieses Engagement nicht entgangen. Schnitzler hatte sich nämlich auf das Gebiet der Nervenkrankheiten spezialisiert, insbesondere auf die Hysterie und die Neurasthenie. Sein Interesse wurzelte im poetischen Aspekt der Nervenkrankheiten, in denen er eine Möglichkeit sah, die Brücke zwischen der vom Vater angeregten medizinischen Laufbahn und seinen literarischen Ambitionen zu schlagen.[106]
Seine medizinische Arbeit „Über funktionelle Aphonie und deren Behandlung durch Hypnose und Suggestion" (Aphonie und Lähmungserscheinungen gehören, sofern kein organischer Krankheitsbefund vorliegt, in den Symptomkomplex der Hysterie), die er in diesem Gebiet vorlegte, lässt darauf schließen, dass er den Forschungsstand zur Hysterie genaustens kannte und deren Entwicklung bis zur Veröffentlichung der „Studien über Hysterie" 1895 aufmerksam verfolgte. In ihr verband er den Hypnotismus, zu dem er über die Studien Bernheims, Charcots und Freuds gefunden hatte, mit dem Spezialgebiet des Vaters - der Laryngologie -, um so seinem Interesse und den Anforderungen des Vaters gerecht zu werden. Am 6. Februar 1903 verzeichnet sein Tagebuch die Lektüre der „Studien über Hysterie".[107]
Dass Schnitzler so am Entstehungsprozess der Psychoanalyse Anteil nahm, erklärt das tiefgreifende psychologische Verständnis, das seine späteren Werke auszeichnet. Dies heißt jedoch nicht, dass er mit den Ansichten Freuds übereinstimmte. Ein gegenseitiges Kennenlernen zwischen den Beiden, das über Zufallsbegegnungen hinausging, fand erst im Jahr 1922 statt, nachdem sie ihre neusten Arbeiten ausgetauscht hatten. Doch zu einer wirklichen Annäherung haben diese Begegnungen nicht geführt.

---

[106] Vgl. Worbs (1983): 206.
[107] Vgl. Worbs (1983): 208.

Hofmannsthal stand den Schriften Freuds mit großer Skepsis gegenüber. In einem Brief an Oskar A. H. Schmitz vom Januar 1908 schreibt Hofmannsthal über Freud:

> „Freud dessen Schriften ich sämtlich kenne, halte ich abgesehen von fachlicher Akribie (der scharfsinnige jüdische Arzt) für eine absolute Mediocrität voll bornierten, provinzmässigen Eigendünkels...".[108]

Trotzdem hat sich laut Michael Worbs Hofmannsthals Werk eingehend mit der Psychoanalyse auseinandergesetzt. Im Mai 1903 bittet Hofmannsthal Hermann Bahr schriftlich um die Ausleihe der „Studien über Hysterie".[109] Zwischen seiner und Bahrs Behandlung der Hysterie in dessen „Dialog vom Tragischen", den dieser kurz bevor Hofmannsthal sich der „Elektra" widmete, verfasste, gibt es mehrere Parallelen, die dem wechselseitigen Einfluss entspringen. Bahr schlägt wie Hofmannsthal eine Brücke zwischen Hysterie und Antike und zieht den Vergleich zu Nietzsches Konzeption des Dionysischen.[110] Dass die „Studien über Hysterie" als Inspirationsquelle für Hofmannsthals Fassung der „Elektra" gedient haben, geht aus mehreren umstrittenen Anhaltspunkten hervor.

Viele Zeitgenossen verstanden Hofmannsthals „Elektra" als hysterische Inszenierung. Gegen eine theatralische Umsetzung der „Studien über Hysterie" spricht allerdings der Umstand, dass Elektra keine prototypische Hysterikerin ist. Die Frauenfiguren in dem Drama weisen alle Anteile beziehungsweise charakteristische Merkmale der Hysterikerin auf, jedoch ist keine Einzige als Prototyp einer Hysterikerin anzusehen. Einige Kernideen der „Studien über Hysterie" fließen fragmentarisch in das Drama ein. Das zentrale gemeinsame Element, das die „Studien über Hysterie" mit der „Elektra" verbindet, ist die Behandlung der Erinnerung:

> „one of the central themes in Elektra is memory, and Hofmannsthal develops this theme in peculiar conformity to Breuer's and Freud's conception of the pathogenic memory. [...] Hofmannsthal ingeniously constructs his play around Breuer's and Freud's theory of the repressed memory and the psychoanalytic cure".[111]

---

[108] Rudolf Hirsch: „Zwei Briefe über den ‚Schwierigen'." In: Hofmannsthal-Blätter, Veröffentlichungen der Hugo von Hofmannsthal-Gesellschaft. Folge 2, H. 7, (1971), S. 74. Zit. n.: Worbs (1983): 267.
[109] Vgl. Worbs (1983): 298.
[110] Vgl. Martens, Lorna: „The Theme of the Repressed Memory in Hofmannsthal's *Elektra*." In: The German Quarterly. Vol. 60, No. 1, Winter (1987), S. 39.
[111] Martens (1987): 40.

Gemäß der Analyse von Lorna Martens sind die zwei wichtigsten Punkte, auf die Hofmannsthal eingeht, Freuds Verdrängungstheorie und die therapeutische Methode, wie sie in den „Studien über Hysterie" ausgeführt werden. Ihre Interpretation, dass nämlich die Figuren, dem Symptom gleich die verdrängte Erinnerung symbolisieren[112], soll hier nicht verfolgt werden. Allerdings ist ihre Feststellung, dass der Erinnerung eine Schlüsselfunktion in dem Werk zufällt, entscheidend. Auf die fundamentalen Divergenzen zwischen „Elektra" und den „Studien über Hysterie" verweist Konstanze Fliedl: „In „Elektra" kollidieren zwei Codierungen der Hysterie: Der Anfall und die verdrängte Erinnerung."[113]

Von Freud gibt es nur wenige Äußerungen zu Hofmannsthal und in dem ihm umgebenden Kreis hat das Werk Hofmannsthals keine Wirkung gehabt. Der Freud-Kreis und der Hofmannsthal-Kreis sind zwei Lebenskreise, die sich kaum berührt haben.[114]

Vor dem Hintergrund der Rezeption der „Studien über Hysterie" seitens Schnitzlers und Hofmannsthals soll nun die Betrachtung des Dramas „Elektra" und der Erzählung „Fräulein Else" erfolgen. Zunächst soll ein Blick auf „Elektra" und „Fräulein Else" verdeutlichen, in welchem Rahmen die Erinnerungsthematik in beide Werke eingebettet ist. Hierzu ist zuvor eine kurze Zusammenfassung der Handlung angebracht.

4.3   Elektra

Elektra, Priesterin und Tochter Agamemnons, ausgestoßen aus dem Königspalast, trauert um ihren ermordeten Vater und hofft auf Rache. Ihr Bruder Orest soll durch den Mord an seiner Mutter Klytämnestra, die Agamemnon umgebracht hat, den Vater sühnen. Als die Nachricht von Orests Tod das Königshaus erreicht, beschließt Elektra, die Tat mit Hilfe ihrer Schwester Chrysothemis, die sich weigert, ihren Vater selbst zu rächen. Doch die Nachricht diente nur dazu, Orest und seinem Gehilfen das Eindringen in den Palast zu erleichtern, um Klytämnestra und ihren Liebhaber Ägisth zu töten. Nachdem die Rache vollzogen ist, bricht Elektra in einem ‚Freudentanz' tot zusammen.

---

[112] Siehe Kapitel 2.2, 2.3.
[113] Fliedl (1997): 400.
[114] Vgl. Worbs (1983): 286.

4.4 Fräulein Else

Arthur Schnitzlers Erzählung „Fräulein Else" handelt vom Dilemma einer jungen Jüdin, deren Familie seit Jahren in einem Scheinwohlstand lebt: Else soll ihren Vater, der Mündelgelder veruntreut hat, vor dem Gefängnis bewahren, indem sie den Kunsthändler Dorsday um eine beträchtliche Summe Geld bittet. Dieser fordert von Else als Gegenleistung, dass sie sich vor ihm entblößt. Eine für sie abstoßende Handlung, bei der ihr guter Ruf auf dem Spiel steht, – das einzige Gut, das sie für eine Gewinn bringende Heirat besitzt. Mit diesem Konflikt belastet, entfernt Else sich zunehmend aus der Gesellschaft und zieht sich in ihr Inneres zurück. Schließlich entscheidet sie sich, Dorsday einen Streich zu spielen, indem sie sich vor den Kurgästen exhibitioniert. Zugleich fasst sie den Vorsatz, sich anschließend zu vergiften und der ‚Schmach' zu entgehen. Nachdem sie nackt, nur mit einem Mantel bekleidet, durch das Hotel geschlichen ist, gelingt ihr diese Tat in einem Zustand der Verwirrung, die einen hysterischen Anfall nach sich zieht. Die Erzählung endet mit Elses Abgleiten über einen Traumzustand in die Bewusstlosigkeit, nachdem sie eine Überdosis Veronal zu sich genommen hat.

4.5 Grundlinien der Interpretation

Das Drama „Elektra" und die Erzählung „Fräulein Else" thematisieren ein Leben, in dem die Gegenwart ein Verharren im Wartezustand ist, in dem das unerfüllte Verlangen nach etwas Anderem vorherrscht und kein Leben möglich ist. In „Fräulein Else" ist es die Sehnsucht nach Leben, die unerfüllt bleibt, in „Elektra" das Verlangen nach Rache, das Erfüllung findet. Darüber hinaus verweist die Lebenssituation der Figuren auf einen permanenten Krisenzustand aus dem es keinen Ausweg gibt. Es sind die weiblichen Figuren, die in einer Vorstufe des Todes am Rande eines Zusammenbruchs leben, der Leben in einem Grenzzustand bedeutet. Hiermit ist ein Grundthema Schnitzlers angerissen:

> „Könnte man sich den Tod vorstellen, so wäre das Leben gewissermaßen unmöglich. Und ebensowenig wie den Tod stellt sich jemals der Mensch Ende, Trennung, Leid wirklich vor. Was er gewohnt ist, als ‚Vorstellung' zu bezeichnen ist Erinnerung, und zwar nicht einmal Tatsachenerinnerung, sondern Wort- und Bilderinnerung. Daß alles, was geschieht, schon im nächsten Augenblick Erinnerung ist, macht das Dasein erst möglich.

> [...] Und Phantasie in ihrer höchsten Ausbildung bedeutet nichts anderes als Fixierung eines hohen Augenblicks; mit anderen Worten: Vergangenes, in manchen Fällen auch Zukünftiges, als Gegenwart zu empfinden."[115]

An Hand der Aufbereitung einer griechischen Tragödie problematisiert Hofmannsthal das Verhältnis zwischen Vergangenheitsbewahrung und Wandel und stellt den Bezug dieses Themas zur Erinnerung heraus:

> „Hofmannsthal's achievement in Elektra is to bring several fields of reference into suggestive association: the system of retributive justice from Greek tragedy; Breuer's and Freud's conception that memory causes illness, familiar also from Nietzsche; and the existential and ethical issue of our proper relationship to temporality, the past, and change."[116]

Dabei geht es um die Frage des Umgangs mit Vergangenheit und die Rolle der Erinnerung. Das Ziel beider Schriftsteller in der Auseinandersetzung mit diesem Themenkomplex ist die Frage nach Leben zu erörtern, dem die Frage nach der Würde des Menschen, nach dem Wert von Selbstbestimmung und Erfüllung hinsichtlich der realen Lebensperspektiven und der nach Lebendigkeit enthalten ist. So steht, wie Lorna Martens herausstellt, diese Thematik im Zentrum von „Elektra":

> „the past is subordinated to the present as the area of highest concern, and the underlying ideal is continuity, a fading of the past into the present. The play's values are anchored in vitalism."[117]

Diese Annahme besitzt ebenfalls Gültigkeit für Schnitzlers „Fräulein Else". Dennoch unterscheidet sich Schnitzlers Kunstprogrammatik deutlich von der Hofmannsthals. Letzterer

> „glaubte im Unterschied zu Schnitzler, mit dem Mythos und der Musik mit ihren Zaubereien und Masken dem Seelendrama des Unbewußten um vieles näher zu

---

[115] Schnitzler, Arthur: Gesammelte Werke (Aphorismen und Betrachtungen) Hg. v. Robert O. Weiss. Frankfurt a. M.: Fischer Verlag 1967, S. 201.
[116] Martens (1987): 47f..
[117] Martens (1987): 48.

kommen, als mit dem psychologischen Drama und seinem Standard der ‚Natürlichkeit'."[118]

Schnitzlers Kunstprogrammatik bewegt sich in dem letztgenannten Rahmen. Sein gesellschaftskritisches Interesse ist ein wesentlicher Punkt ihrer Differenz. Einheitlichkeit, Intensität und Kontinuität sind Konstanze Fliedl zufolge die Gestaltungskriterien, die Schnitzler seinen Werken zu Grunde legt.[119] Schmerz und Trauer durchziehen, wie sich zeigen wird, beide Werke.

Elektra lebt die Trauer bis zur Selbstzerstörung und macht den Schmerz zu ihrem sie umfassenden Mikrokosmos. Sie ist mit ihrem Schmerz verschmolzen und löst sich im Trauern in „nichts" auf. Else versucht dem Schmerz auszuweichen, doch erweist sich ihr Konflikt als nicht tragbar und endet für sie in einem hysterischen Anfall. In „Fräulein Else" wird das Band sichtbar, das Elses Lebenshunger und ihre ausweglose Situation mit Schmerz und Gefühllosigkeit verknüpft. Die Trauer und die Fixierung auf die Erinnerung und den Gedanken an Rache[120] führen in „Elektra" zu Auflösung und ihrem Untergang. Das Warten endet in „Fräulein Else" in der Aushöhlung ihres Selbst.

---

[118] Assmann (1999): 281.
[119] Vgl. Fliedl (1997): 32.
[120] Hofmannsthals Elektra ist im Gegensatz zur Sophokleischen religiös-rituellen Opferhandlung zum Racheakt geschrumpft. Mit dem Mord findet keine Reinigung der Welt statt, sondern ein fraglicher Wandel, der auf einer Bluttat beruht und Elektras Untergang ist. Er ist aus der Sphäre der göttlichen Mission enthoben und aus Besessenheit und Rache vollzogen worden, die aus dem Leiden Elektras entsprungen sind. Vgl. Marschall, Susanne: TextTanzTheater. Eine Untersuchung des dramatischen Motivs und theatralen Ereignisses ‚Tanz' am Beispiel von Frank Wedekinds Büchse der Pandora und Hugo von Hofmannsthals Elektra. Frankfurt a. M., Berlin, Bern, N. Y., Paris, Wien: Peter Lang 1996, S. 249.

5 Trauer und Erinnerung in „Fräulein Else" und „Elektra"

5.1 Schmerz und Trauer

Die Erinnerung in „Fräulein Else" und in „Elektra" steht mit einer Erfahrung des Verlusts, des Scheiterns, des Erlebens von Mangel, Ohnmacht und Einsamkeit in Verbindung. Der Erfahrung von Verlust und Mangel liegt der Schmerz[121] zugrunde, der die Eigenschaft hat, den Menschen mit sich selbst, der eigenen Vernichtung und seiner absoluten Ohnmacht zu konfrontieren, da dieser ihm ausgesetzt ist und ihm nicht entrinnen kann. Das Leid, das er dem Menschen zufügt, reißt diesen aus seiner Welt heraus, indem er ihn auf seine Körperlichkeit reduziert und auf sich selbst zurück wirft. Der „Ausgesetztheit" des Menschen gegenüber dem Leiden widmet sich Franz Rosenzweig, der die ontologische Dimension dieser Verfassung in folgender Reflexion anklingen lässt:

> ‚Es gibt im Leiden eine Abwesenheit jeder Zuflucht. Sie ist der Sachverhalt, direkt dem Sein ausgesetzt zu sein. […] Die ganze Schärfe des Leidens liegt in dieser Unmöglichkeit des Ausweichens. Sie ist die Tatsache, in das Leben und in das Sein hinein in die Enge getrieben zu sein. In diesem Sinne ist das Leiden die Unmöglichkeit des Nichts.'[122]

Dieser prägnant formulierte Sachverhalt umreißt die Dimension, die das Leiden in „Elektra" und „Fräulein Else" hat. Diese Erfahrungsmomente sind in „Elektra" und „Fräulein Else" verarbeitet, denn Verlust und Mangel, beides Erfahrungsmomente, die mit Leid verbunden sind, prägen die Stimmung der Werke. In „Elektra" geht das Leiden aus einem Verlust hervor und in „Fräulein Else" aus einem Mangel. In beiden Fällen schwingt Trauer mit, da der Schmerz über das Leid nachträglich, durch Erinnerung bei Elektra und durch Bewusstwerdung bei Else, erfahren wird. Die Quelle, die Dimension und die Art des Leidens in beiden Werken, die aus den Lebensumständen

---

[121] Der Schmerz als Gefühl ist subjektiv, nicht-mitteilbar und bleibt im Bereich des Verschwommenen. Unter Schmerz wird „ein unangenehmes Sinnes- und Gefühlserlebnis, das mit aktueller oder potentieller Gewebsschädigung verknüpft ist oder mit Begriffen einer solchen Schädigung beschrieben wird"[121] verstanden. In: Morris, David B.: Geschichte des Schmerzes. Frankfurt a. M.: Suhrkamp Verlag 1996 (The Culture of Pain), S. 28.
[122] Hirsch, Alfred: „Ethik der Trauer. Der Entzug des Anderen." In: Entzauberte Zeit. Der melancholische Geist der Moderne. Hg. v. Ludger Heidbrink München, Wien: Hanser 1997, S. 247.

hervorgehen, sich auf eine zeitliche Ebene erstrecken und an schmerzvolle Erinnerungen geknüpft sind, sollen aufgezeigt werden.
Schmerzvolle Erfahrungen sind an eine Ebene der Gefühle gebunden. Die grundlegende Problematik, die sich aus der Beschäftigung mit Gefühlen ergibt, ist deren Fassbarkeit. Sie entziehen sich, dadurch dass ihnen immer etwas Gleitendes, Transitorisches und Atmosphärisches anhaftet. Das Gefühl ist laut Jean Starobinski „das unzerstörbare Zentrum des Gedächtnisses."[123] Es ist der wichtigste innerpsychische Stabilisator, wie aus Kapitel 4.1 hervorgeht, der die Nachhaltigkeit und Wirksamkeit von Erinnerungen bestimmt.[124]

In „Elektra" wird eine Verlustproblematik aufgerollt, die sich auf mehrere Figuren verteilt und eine Kette von Verlusten einschließt. Nicht nur der Verlust des Vaters, der scheinbar das ganze Geschehen beherrscht, spielt eine Rolle. Mit dem Tod des Vaters erlitten Elektra und Chrysothemis auch einen Verlust ihrer gesellschaftlichen Stellung. Ihre Welt brach mit dem Mord zusammen und es gab für beide keinen Anknüpfungspunkt mehr an das vergangene Leben – ihre Vergangenheit und ihre Identität sind verloren gegangen – und es ergaben sich keine neuen Zukunftsperspektiven. Elektra verleiht dieser umfassenden Verlusterfahrung Ausdruck, als sie in einem Anflug von Hass wünscht, dass Klytämnestra ihre eigene Erfahrung auch zu spüren bekomme: „[A]lles schweigt, […] diese Zeit […] ist dir gegeben / zu ahnen, wie es Scheiternden zumut ist, / wenn ihr vergebliches Geschrei die Schwärze / der Wolken und des Tods zerfrißt"(E: 85). Für sie kommt diese Erfahrung also der des Scheiterns gleich, der Ohnmacht und Vergeblichkeit inhärent sind, wie Elektra sie erfahren hat: „und eine / Prophetin bin ich immerfort gewesen / und habe nichts hervorgeholt aus mir / und meinem Leib wie Flüche und Verzweiflung."(E: 103)

Die Problematik des Scheiterns ist bei „Fräulein Else" ebenfalls ein Grundthema. In der Erzählung wird keine Verlustproblematik im klassischen Sinn aufgerollt. Else leidet an einem inneren und einem äußeren Konflikt, die ineinander greifen und sich bedingen. Der äußere Zwang ist auf die Scheinexistenz zurückzuführen, die ihrem familiären Hintergrund entstammt. Ihre Familie befindet sich kurz vor dem sozialen Abstieg und sie soll ihn um den Preis ihrer Würde hinauszögern. Allerdings hängt ihre gesellschaftliche Position und ihre Zukunft von ihrem Ansehen ab.

---

[123] Assmann, Aleida: Erinnerungsräume. Formen und Wandlungen des kulturellen Gedächtnisses. München: Beck 1999, S. 253.
[124] Vgl. Assmann, Aleida: „Stabilisatoren der Erinnerung – Affekt, Symbol, Trauma." In: Die dunkle Spur der Vergangenheit. Psychoanalytische Zugänge zum Geschichtsbewußtsein. Hg. v. Jörn Rüsen u. Jürgen Straub. 1. Aufl. Frankfurt a. M.: Suhrkamp 1998, S. 145.

Diese missliche Lage versucht Else zu negieren. Je mehr sich die Umstände jedoch zuspitzen und ihre Gedanken um den Konflikt kreisen, desto unmöglicher wird es, die Ausweglosigkeit zu bewältigen. Ausweglosigkeit ist ein Element, das sich wiederholt durch den Text zieht. Else hat keine Wahl: „Ach, wenn es doch ein anderer wäre, irgendein anderer. Alles, alles könnte er von mir haben heute Nacht, jeder andere, nur Dorsday nicht"(FE: 357), aus dem dramatischen Verlauf der Handlung gibt es für sie kein Entkommen. Angesichts der Situation verfällt sie in Ratlosigkeit, in der ihre Ohnmacht und die Ausweglosigkeit der Situation aufscheinen: „Er weiß nicht, ob ich kommen werde oder nicht. Ich weiß es auch nicht. Ich weiß nur, daß alles aus ist. Ich bin halbtot."(FE: 347) Die Überspanntheit und Überforderung, ihre Verzweiflung und Ratlosigkeit will sie zuerst nicht wahrhaben: „Nur ich habe keine Angst. […] Ja, warum weine ich denn? Es ist doch kein Grund zu weinen. Das sind die Nerven. Ich muß mich beherrschen. Ich darf mich nicht so gehen lassen."(FE: 352) Nur unterschwellig sind Schmerzen zu verzeichnen, da sie nicht ausgelebt, sondern unterdrückt werden. Schmerz schwingt untergründig im Text mit, es gibt nur wenig explizite Verweise auf ihn, da er sich der Repräsentierbarkeit und der Nachvollziehbarkeit entzieht. Er begleitet den Text und bleibt an sich im Unsichtbaren, nur seine Folgen sind sichtbar.

Ein Krisenzustand ist oft von Schmerz begleitet, der einen „riesigen Mangel oder Riß in (der) Welt offenbart"[125] und den Leidenden durch eine unsichtbare Mauer von seiner Umwelt abtrennt. Der Riss und der Mangel, der durch Elses Leben geht, wird von der Vertracktheit ihrer Situation überdeckt. Elses Sorgen um die Herkunft von Materialien, Wert- und Statussymbolen, die nicht abbezahlt sind, wie Mantel, Kleid und Strümpfe, die durch Liebschaften erkauft wurden und ihre Traurigkeit über den familiären Umgang, in dem Einsamkeit und Kommunikationslosigkeit vorherrschen, verweisen auf Schmerz und Leid. „[M]eine zwei Paar Ballhandschuhe, die waren eine Affäre. Und wie der Rudi neulich dreihundert Gulden gebraucht hat, da hat die Mama beinah' geweint. Und der Papa ist dabei immer so gut aufgelegt."(FE: 332) In dem Moment, als für Else dieser Mangel offensichtlich wird, lebt sie in einem Konflikt. „Niemand sieht mir was an, auch dem Papa nicht. Und doch wissen es alle Leute. Rätselhaft, daß wir uns immer noch halten. Wie man alles gewöhnt!"(FE: 332) Sie entwickelt eine Vorstellung über den Mangel, der ihren familiären Hintergrund kennzeichnet, im Nachhinein durch Reflexion – „Bewußtsein entwickelt sich generell ‚im Zeichen des Abgelaufenen'"[126] – wodurch sie das Bewusstsein für die Ausmaße der Missstände erlangt.

---

[125] Morris (1996): 49.
[126] Assmann (1999): 11.

In „Fräulein Else" wird die Erinnerung als Medium genutzt, um eine Bewusstwerdung in Gang zu bringen, die die Relevanz der Vergangenheit verdeutlicht, die nur über die Erinnerung vermittelbar ist.[127] Erinnerung hat in beiden Werken eine unterschiedliche Bedeutung, sie ist, wie sich herausstellen wird, unterschiedlich besetzt.

Elses Leben ist ebenso desolat, wie Elektras, da sie über keine gesellschaftliche Stellung und keine Lebensgrundlage, weder im materiellen Sinne, noch als Aufgabe verfügt. Sie steht nicht auf eigenen Beinen und ihr Leben ist ohne Substanz. Den Schein eines großbürgerlichen Lebens zu wahren, bedeutet für Else die wahren Umstände zu verbergen und fortwährend ihr Ansehen zu überprüfen, das eine ausgeprägte Beobachtung ihrer selbst und ihrer Umgebung erfordert. „Ich habe gewiß jetzt auch ein anderes Gesicht als sonst. [...] Warum sehe ich denn so flehend zu ihm auf? Lächeln, lächeln."(FE: 341) Diese Situation macht es ihr unmöglich sich mitzuteilen. Ein Verhaltensmuster, das ihre Familie kennzeichnet: „Alles in unserem Haus wird mit Scherzen erledigt, und keinem ist scherzhaft zu Mut. Jeder hat eigentlich Angst vor dem Andern, jeder ist allein."(FE: 337) Else durchschaut die Art des Umgangs mit Konflikten zu Hause, das Überspielen und Verschweigen der prekären Lage, doch bleibt sie unfähig, dieses Muster zu durchbrechen. Infolgedessen leidet sie unter Einsamkeitsgefühlen: „Ich bin ja so furchtbar allein, wie es sich niemand vorstellen kann."(FE: 337) Angesichts ihrer Lage versucht Else eine Integrationsleistung zu Stande zu bringen, indem sie sich einbildet, dass dieser Weg ihr einen Ausweg böte: „[D]ann kommt die Villa mit den Marmorstufen und die schönen Jünglinge und die Freiheit und die weite Welt!"(FE: 364) Die bleibt allerdings wirkungslos und zieht sie in den Wahn. Das Scheitern ist für Else unabwendbar.

Elses Lebenshunger einerseits, der sich in ihrer Sehnsucht nach irrealen Lebensmodellen und den phantasierten Beziehungen zu Männern ausdrückt, und die Angst vor dem eigenen Versagen andererseits sind die gegensätzlichen Impulse, die Elses Gedanken bestimmen und sie in einem Zwischenzustand belassen. Dieser Erfahrungsmodus ist konstitutiv für Else. Er ist der eigentliche Kern, auf dem die Erzählung „Fräulein Else" aufbaut.

5.2 Die Spuren der Vergangenheit in der Gegenwart

Die Gegenwart ist in beiden Werken von Stagnation und Leere geprägt, die aus einem Leben im Wartezustand hervorgehen.
In „Elektra" ist die Gegenwart von der Atmosphäre der Isolation und der Angst geprägt, die sich über den Palast ausgebreitet hat. In der Klage der

---

[127] Siehe S. 40.

einzelnen Figuren findet die Unerträglichkeit der Gegenwart ihren Ausdruck. Die drei Frauengestalten stehen für unterschiedliche Empfindungen und Haltungen gegenüber der Erstarrung. Klytämnestra fühlt die innere Brüchigkeit: „Aber ich bin morsch. / Ich denke, aber alles türmt sich mir / eins übers andre."(E: 78) Chrysothemis gibt ihrem Leiden unter den Verhältnissen den nachhaltigsten Ausdruck: „Ich habe solche Angst [...] Mir ist die Kehle / wie zugeschnürt, ich kann nicht einmal weinen, / wie Stein ist alles!"(E: 69/70) Die Leere und der Stillstand wirken für sie wie eine Versteinerung. Gleich einer Rastlosen versucht sie ihr vergebens zu entkommen: „Ich kann nicht sitzen und ins Dunkel starren / wie du. Ich hab's wie Feuer in der Brust, / es treibt mich immerfort herum im Haus, / in keiner Kammer leidet's mich, ich muß / von einer Schwelle auf die andre [...] als rief es mich, / und komm ich hin, so stiert ein leeres Zimmer / mich an."(E: 69)

Elektra hat sich in der Starre eingerichtet und erwartet die Ankunft Orests, auf die sie ihre Hoffnung setzt und auf welche sie hinlebt. Es gibt keine Welt für sie, außerhalb der Trauer und der Rache gibt es nichts. Eine Haltung, die dazu führt, dass Elektra eigentlich nicht lebt, wie sie selber konstatiert: „ich lebe / und lebe nicht"(E: 97).

Elektra hat sich in einem Übergang eingerichtet: „Sie liegt / in Lumpen auf der Schwelle"(E: 65). Das verdeutlicht das Bild der Schwelle metaphorisch, wie Susanne Marschall in ihrer Analyse herausstellt. Ihr Leben spielt sich auf der Schwelle ab, die ein Symbol für den Übergang in jeglichem Sinn ist und auf ihre „Unbehaustheit" hindeutet. Elektra verfügt weder über ein örtliches, noch ein zeitliches zu Hause. Der Übergang verweist auf ein Zwischenstadium, auf einen undefinierbaren Zustand, der Ortlosigkeit und Identitätslosigkeit beinhaltet. Er ist transitiv, beinhaltet Verlust und weist auf ein Nichts, eine Leere hin: Das Vergangene ist verloren und die Zukunft noch nicht in Sicht. In „Elektra" symbolisiert die Schwelle den Übergang zwischen Leben und Tod, in dem Elektra selbst verharrt.[128]

Mathias Mayer weist daraufhin, dass die Erinnerung an den Mord Elektras Verhältnis zur Zeitlichkeit bestimmt. Für sie ist nichts vergangen und die Zukunft nimmt sie in der Gegenwart beständig vorweg.[129] Die Gegenwart besteht aus zwei Komponenten, die um den Mord kreisen:

> „in her imagination, time has contracted into two points: the moment of her father's murder, which she constantly

---

[128] Vgl. Marshall (1996): 259.
[129] Vgl. Mayer, Mathias: „Hofmannsthals *Elektra*: Der Dichter und die Meduse." In: Zeitschrift für deutsche Philologie. Bd. 110, H. 2, (1991), S. 238.

recalls, and a future moment when the murder will be avenged, which she persistently anticipates."[130]

Vergangenheit und Zukunft fallen durch ihre Abkapselung und das Kreisen ihrer Gedanken um den Mord in der Gegenwart zusammen. Elektras Blick in die Vergangenheit und in die Zukunft lässt keinen Raum für die Gegenwart. Ihr „Einkerkern" bezieht sich auf die räumliche und die zeitliche Dimension. Was sie hinsichtlich Klytämnestra diagnostiziert, gilt auch für sie selbst: „...du liegst in deinem Selbst so eingekerkert"(E: 86).
Die einzelnen Figuren nehmen eine unterschiedliche Position zur Zeitlichkeit ein. Chrysothemis sehnt sich zurück nach der Vergangenheit und betrauert den Verlust:

> „Manchmal lieg' ich / so da, dann bin ich, was ich früher war, / und kann's nicht fassen, daß ich nicht mehr jung bin. / Wo ist denn alles hingekommen, wo denn?"(E: 71)

Während Elektra und Chrysothemis der Zukunft hoffnungsvoll entgegenschauen – obgleich beide mit einem unterschiedlichen Motiv – bangt Klytämnestra vor ihr, vor der Stunde, in der Orest erscheint: „Ich seh's in deinen Augen. / [...] daß er noch lebt. [...] Daß dir das Herz / verdorrt vor Grauen, weil du weißt: er kommt."(E: 84) Klytämnestra kann weder in die Vergangenheit noch in die Zukunft schauen, ihr bleibt einzig der momentane Augenblick, der allerdings so drückend ist, dass sie keine Kraft zum Leben hat: „und dabei leb' ich / und bin nicht einmal krank"(E: 79).

Wie in „Elektra" ist Else das Leben versagt. In Schnitzlers Erzählung wird Else als Person ohne Lebensperspektive vorgestellt, die aus der Gesellschaft ausschert. Die Gegenwart entfällt und kann nicht gelebt werden, da sie ebenfalls wie bei Elektra von der Vergangenheit überschattet wird und keine Zukunft in Sicht ist.
Aus der Vergangenheit taucht ein nicht zu übergehender Konflikt empor, der Else das gegenwärtige Leben beschwert und ihr jegliche Lebensperspektive raubt. In „Fräulein Else" ist der Fokus allerdings nicht auf die Vergangenheit gerichtet, sondern auf die Zukunft. Elses Gedanken kreisen um die zukünftigen Ereignisse und ihre Folgen.
Auflehnung und Widerstand spielen eine wichtige Rolle. Ihre Exhibition beinhaltet eine Weigerung, der Forderung Dorsdays Folge zu leisten: „Ich bin nicht ihre Sklavin."(FE: 372) Die Ablehnung der Gegenwart bewirkt eine kritische Haltung, die in Elses Bewertung der Vergangenheit und ihrer Skepsis gegenüber der Zukunft zum Tragen kommt. Sie wirft einen kritisch-besorgten

---

[130] Martens (1987): 43f.

Blick auf ihre Vergangenheit, die nicht unbelastet ist, und sehnt sich nach einem anderen Leben: „Ich möchte fortreisen und tun können was ich will."(FE: 338)
Auch in „Fräulein Else" ist das Leben ein Warten auf etwas Anderes. Else ist wie Elektra „unbehaust", ihr Leben ist ein ständiger Ferienaufenthalt, der einen Zwischenraum außerhalb des eigentlichen Lebens darstellt. In Abhängigkeit von ihrem Elternhaus lebt sie in Wartestellung, um verheiratet zu werden. Ihr untätiges Warten, ebenfalls ein Zwischenstadium, empfindet sie als eigenen Tod. In ihren Träumen spiegelt sich ihr Lebensgefühl wieder: „Ich habe ja schwarze Trauerkleider an, weil ich tot bin. Ich werde es euch beweisen."(FE: 353) Sie schaut auf eine beklemmende Vergangenheit zurück: „In dieser ewigen Angst lebt er [der Vater] schon fünf oder zehn Jahre [...] Mündelgelder [...] Und Mama geradeso. Und ich doch auch." – ebenso wie sie auf eine ungewisse Zukunft hinblickt – „Vor wem werde ich mich das nächste Mal nackt ausziehen müssen?"(FE: 348) Die äußere Welt ist angehalten, bei Else findet keine Entwicklung statt, ihre Gedanken kreisen konstant um den Konflikt und ihre Lebensumstände und enden in Verwirrung und in Auflösung.
Wie in „Elektra" steht Else jenseits der Gesellschaft. Einerseits durch ihre unsichere finanzielle Lage, die auf der Unterstützung der Tante beruht, und andererseits ihrem Rückzug aus dem gesellschaftlichen Umfeld zuzuschreiben ist. Die Traumszene am Waldrand steht für ihren Austritt aus dem gesellschaftlichen Rahmen – ein romantisches Motiv, das in seiner Funktion, zu Selbstfindung und innerer Harmonie zu führen, verdreht wurde und in „Fräulein Else" zu Verwirrung und Leid führt. Die Einsamkeit der Waldidylle und Elses Verinnerlichung werden von Schnitzler negativ besetzt.
Die Entwicklung Elses ist ein Entzug aus dem Blickwinkel der sich Entziehenden, ein Rückzug ins Innere, ins Leben mit sich selbst. Else kapselt sich äußerlich ab und zieht sich in sich selbst zurück, wobei sie sich in ihren Gedanken verrennt, in denen Erinnerung, Phantasie und Realität sich zunehmend vermischen und ununterscheidbar werden: „...aber Menschen gibt es nicht. Die träumen wir nur."(FE: 365) Sie isoliert sich imaginär und verdoppelt sich gleichzeitig. Die Unmöglichkeit zu leben wird an Hand des Konfliktes deutlich, durch den die unsichtbaren Missstände, die dem bürgerlichen Leben inne wohnen, kenntlich werden. Sie sind ebenso Ursache von Leid, wie es Elses Konflikt ist, dessen Wurzeln auf die gesellschaftlichen Zwänge zurückgehen. Sie liegen in der Vergangenheit, überschatten die Gegenwart und reichen in die Zukunft hinein.

Die Vergangenheit hinterlässt ihre Spuren, die entweder sichtbar oder unsichtbar sind und dem Menschen ins Gedächtnis und in den Körper

eingeschrieben werden können. Wie im einleitenden Kapitel dargestellt wurde, stehen Spuren, die dem Körper eingeschrieben sind, oftmals mit einem unverträglichen Maß an Empfindung, meistens schmerzvoller Art, in Verbindung. Die Spuren der Vergangenheit sind in „Elektra" dem Körper der Figuren eingeschrieben, während in „Fräulein Else" die Versehrtheit im Verborgenen liegt und nicht dargestellt werden kann.
Elektra und Klytämnestra sind die zwei Frauen in „Elektra", die sichtbar in ihrem äußeren Wesen von der Vergangenheit gezeichnet sind. Elektras Versehrtheit wird an ihrem Körper in Szene gesetzt. Sie gleicht einer Toten: „Ich bin nur mehr der Leichnam deiner Schwester"(E: 101). Grund ihrer Zerrüttung ist das Wissen um den Mord: „Verhaßt bin ich geworden und hab' alles / gesehen"(E: 104), das an ihrem Körper zehrt: „Da war mein Leib / eiskalt und doch verkohlt, im Innersten / verbrannt. Und als ich endlich alles wußte, / da war ich weise"(E: 102). Ihr seelisches Befinden wird über den Körper vermittelt vorgestellt. Es ist die Vergangenheit, die ihre Spuren hinterlassen hat. Die Sichtbarkeit der Spur unterstreicht die Wahrheit und das Gewicht ihres Wissens, das einer Last gleichkommt. Die Spuren am Körper sind Zeichen der Versehrtheit: „Das Zeichen verhindert das Vergessen, der Körper selbst trägt auf sich die Spuren der Erinnerung, der Körper ist Gedächtnis."[131] Hofmannsthal bringt Klytämnestra sichtbar als an ihrer Vergangenheit Erkrankte auf die Bühne: „Ihr Gesicht / hat sie von ihren Taten."(E: 104) Sie ist als Täterin ebenso von der Vergangenheit, die sich in ihren Körper gegraben hat, gezeichnet wie Elektra: „zeigst du nicht / die Spuren mir an meinem Fleisch"(E: 77). Klytämnestra leidet unter der Vergangenheit, die sie verdrängt. In ihrem Falle handelt es sich um ein verdrängtes Trauma, das als dauerhafte Körperschrift die verdrängte Erinnerung ersetzt: „und da war's geschehn: / dazwischen ist kein Raum! Erst war's vorher, / dann war's vorbei – dazwischen hab' ich nichts / getan."(E: 83) Klytämnestras Gedächtnislücke verweist auf die ‚Psychopathologie der Erinnerung' in „Elektra".

5.3 Psychopathologie der Erinnerung

Die Erinnerung in ihrer psychopathologischen Variante ist das charakteristischste Merkmal, das die Erinnerung in „Elektra" auszeichnet, die zentral für Hofmannsthals künstlerisches Schaffen ist und eine Schlüsselposition in seinem weltanschaulichen und poetologischen Denken einnimmt. In diesem Kapitel soll aufgezeigt werden, wie die ‚Psychopathologie der Erinnerung' in

---

[131] Das Körpergedächtnis unterscheidet sich in zwei Aspekten von der Erinnerung: Erstens garantiert es die Zuverlässigkeit der Wissensspeicherung und zweitens sorgt es für die permanente Dauerpräsenz, die in der Erinnerung nicht gegeben ist. Vgl. Assmann (1999): 242.

„Elektra" konstruiert ist, in welchem thematischen Rahmen sie sich bewegt und welche Fragestellungen sie aufwirft.
In „Elektra" spielt die Erinnerung eine wesentliche Rolle. Alle drei weiblichen Figuren stellen die einzelnen Positionen dar, die zur Vergangenheit eingenommen werden können. Mittels dieser Figuren wird die Problematik der Vergangenheit für den Menschen dargestellt und die Wichtigkeit der Erinnerung thematisiert. Elektra verkörpert die Erinnerung, sie kann als *remembrancer*[132] gedeutet werden. Klytämnestra symbolisiert das Verdrängen und Chrysothemis das Vergessen.
Als Verkörperung der Erinnerung trägt Elektra das Wissen um den Mord in ihrem Gedächtnis und auf den Leib geschrieben. Als Symbol der Nemesis (rächende Erinnerung) trägt sie Trauer und Hass in die Gegenwart des Dramas. Sie wird damit zur lebendigen Verkörperung einer Vergangenheit, die nicht vergehen will. Mit ihrer Präsenz und mit ihrem Blick klagt sie als erinnernde Figur an. Allein durch ihre Präsenz erinnert sie in doppelter Weise an den Mord, einmal unmotiviert durch ihre äußere Erscheinung und dann intentional als Mahnende: „aber niemand / schreiend / niemand ist hier im Haus, der ihren Blick / aushält!"(E: 65) Einerseits trägt Elektras Blick zu ihrer Funktion des *remembrancer* bei und andererseits ist ihr Körper Träger der Erinnerung an den Vater. „das ungeheure Wort, das mir in mein / Gesicht geschrieben ist: denn mein Gesicht / ist aus des Vaters und aus deinen Zügen/ gemischt"(E: 86). Gleichzeitig ist Elektra für die sie umgebende Welt blind[133], da sie die Welt nicht mehr wahrnimmt, sondern nur auf den Mord fixiert lebt.
Es ist Elektras Stärke, die Last der Vergangenheit zu tragen – „Ja du! denn du bist klug. / In deinem Kopf ist alles stark. Du redest / von alten Dingen so, wie wenn sie gestern / geschehen wären."(E: 78) –, wobei diese Stärke Elektras pathologisch ist, da ihr Denken unablässig die eine Vergangenheit umkreist, die somit zum Fixpunkt wird. Zwanghaft stellt Elektra bei jeder Gelegenheit Bezüge zum Mord her: „Was hebst du die Hände? / So hob der Vater seine beiden Hände, / da fuhr das Beil hinab und spaltete / sein Fleisch."(E: 68) Ihre Versenkung in das trauernde Gedenken an den Vater und des Erinnerns an den Mord heißt ein Leben in Leid zu verbringen: „Nachts hab' ich nicht geschlafen, hab' mein Lager / mir auf dem Turm gemacht, und hab' geschrieen / im Hofe und gewinselt mit den Hunden."(E: 103)

---

[132] Ein Begriff, den Aleida Assmann für die Frauen in Shakespeares Historien vorsieht, die wie „Furien des Erinnerns, die [...] traumatischen Bilder von Schuld und Schrecken mit sich herumtragen." Diese Frauenrolle entspricht der Figur der Elektra. Vgl. Assmann (1999): 69.
[133] Marshall (1996): 233.

Elektra vollführt in der unendlichen Wiederholung der Erinnerung ein „rituelles Erinnerungs-Theater"[134], das das Drama beherrscht: „Wo bist du, Vater? hast du nicht die Kraft, / dein Angesicht herauf zu mir zu schleppen?" (E: 66) Das konstante Wiederholen der Erinnerung verhindert ein Leben in der Gegenwart. Ihre Fixierung lässt keine Humanität zu, sondern führt zu einem „Sich-Einkerkern in das modrige Gedächtnis", zu einem „unmenschlichen Sich-Verschließen in der Erinnerung"[135]. Sie verharrt in einer Erstarrung des Erinnerns und des Erwartens. Das Erinnern schließt eine rückläufige Bewegung ein und das Erwarten ist auf die Zukunft, nach vorne gerichtet. Elektra ist in beiden Bewegungen erstarrt, zwischen ihnen eingeschlossen. „Elektra" ist Hofmannsthals mythisches Beispiel für eine „Agonie des Nicht-Vergessen-Könnens", die das Leben ausschließt.[136]
Gleichzeitig kann der Umstand, dass Elektras Existenz allein auf dem Erinnern aufbaut, auch anders gedeutet werden. Das Erinnern hält Elektra am Leben, die Erinnerung ist quasi ihre Lebensessenz, und in dem Moment, in dem das Erinnern seine Funktion verliert, bricht Elektra tot zusammen:

> „The sole purpose of her existence is to keep alive the memory of the murder and to agitate for revenge. Thus her death at the end of the play is easily explained: once Orest has killed Klytämnestra, the living memory of Agamemnon's murder has no further function."[137]

Elektra existiert im Rahmen der Erinnerung, in dem sie eine Lebensberechtigung findet, außerhalb dessen gibt es sie nicht. Paradoxerweise hängt für Elektra zugleich ihr Leben und ihr Tod von der Erinnerung ab. So kommt dem Erinnern eine ambivalente Haltung gegenüber dem Leben und dem Tod zu. Auf diesem Antagonismus aufbauend hat Hofmannsthal seine „Elektra" konstruiert. Die Erinnerung ist quasi der unsichtbare Puppenspieler im Hintergrund, an dem das Drama aufgehängt ist.
Nachdem nun die Rolle der Erinnerung im Drama an Hand der Figur der Elektra untersucht wurde, stellt sich die Frage, wie es sich mit den anderen Figuren verhält und in was für einem Zusammenhang sie miteinander stehen. Dabei ist ein kurzer Blick auf das Zusammenspiel der Erinnerung mit dem Vergessen aufschlussreich.
Erinnern und Vergessen bilden in der Neuzeit keine Gegensätze mehr, sondern eine Einheit:

---

[134] Marshall (1996): 225.
[135] Fliedl (1997): 400.
[136] Vgl. Fliedl (1997).
[137] Martens (1987): 43f..

> „Was erinnert wird, ist vom Vergessen gezeichnet. Vergessen wird zu einem unaustilgbaren Aspekt des Erinnerns; an der Erinnerung bleibt die Spur des Vergessens haften."[138]

Zur Psychomotorik des Erinnerns gehört insbesondere, dass Erinnern und Vergessen stets untrennbar ineinander greifen.

Hofmannsthal verleiht dem Erinnern und Vergessen eine herausragende Bedeutung in seinem poetologischen Programm. Er problematisiert in verschiedenen Werken das Verhältnis zwischen Vergangenheitsbewahrung und Lebensfähigkeit, das in „Elektra" zu einem sich gegenseitig ausschließenden Antagonismus hin konstruiert wird:

In „Elektra" wird die Erinnerung „in Winkel gefegt"(E: 66). Alle beteiligen sich am Vergessen, nur Elektra erinnert zum Ärgernis aller. Zwischen den Figuren besteht eine Interdependenz, die besonders auf der Ebene der psychischen Repräsentanz der jeweiligen Figur von Wichtigkeit ist, da sie sich gegenseitig bedingen. Die Interdependenz tritt besonders bei Klytämnestra und Elektra zum Vorschein:

> „The two women resemble interlocking circles: each one seems to be a part of the other as well as an entity in her own right. I shall argue that each woman represents a part of the other's psyche. Specifically, each personifies the memory of the trauma, the murder of Agamemnon, for the other."[139]

Die Frauenfiguren im Text sind zwischen den Schnittpunkten des Erinnerns und Vergessens situiert und in eine Dynamik des Erinnerns, Vergessens und Verdrängens verwoben. Dem Zeitgeist der Moderne entsprechend, „stellt ‚Weiblichkeit' das semiotisierende Niemandsland der Grenze zwischen Vergessen und Erinnern vor."[140] Wenn Elektra die Erinnerung verkörpert, dann verkörpert Chrysothemis das Vergessen – „Mein Kopf ist immer wüst. Ich kann von heut / auf morgen nichts behalten."(E: 71) – und Klytämnestra das Verdrängen: „und ich finde / die fürchterlichen Dinge nicht, vor denen / er schweigen müßte [...] und doch kriecht [...] ein Etwas" – die unbenennbare Präsenz von etwas Verdrängtem – „hin über mich, es ist kein Wort, es ist / kein Schmerz [...] nichts ist es [...] und dennoch / es ist so fürchterlich, dass meine Seele / sich wünscht, erhängt zu sein, und jedes Glied / an mir lechzt nach dem Tod".(E: 79) Das Leiden Klytämnestras ist ein verdrängtes Trauma,

---

[138] Assmann (1999): 96.
[139] Martens (1987): 43.
[140] Vgl. Funk (1998): 212.

das eine Erfahrung stabilisiert, die aus dem Bewusstsein verdrängt wurde und sich im Unbewussten als latente Präsenz festgesetzt hat. Im Trauma liegt kein Vergessen vor, sondern eine Verdrängung, die das Verdrängte im Unbewussten ‚konserviert'.[141]

Für Chrysothemis ist Vergessen eine lebenserhaltende Utopie, für Elektra vergleichbar mit der Bewusstlosigkeit des Viehs. „Vergessen? Was! bin ich ein Tier?"(E: 71) und „ich bin kein Vieh, ich kann nicht / vergessen!" (E: 71/72) Sie möchte leben und weiß, dass sie vergessen muss, um leben zu können. Während Elektra nicht vergessen will, weshalb sie an ihrer Erinnerung zu Grunde geht.[142] Die Fähigkeit des Vergessens gewinnt an Relevanz, wo sie gebraucht wird, um die Erinnerungen, die ein Leben verhindern, verblassen zu lassen und neuem Leben Raum zu geben. Diese ‚Poetik', die Hofmannsthal entwirft, macht die Überwindung der Vergangenheitsfixierung möglich, die beispielsweise im damaligen Historismus vorkam und eine zeittypische Erscheinung war.[143]

Wie sich herausgestellt hat, thematisiert Hofmannsthal das Verhältnis von Verwandlung und Bewahrung in Bezug auf die Rolle und das Gewicht, das der Vergangenheit zufällt. Ihr Einfluss auf die Gegenwart und die Zukunft, ihre Vermitteltheit über die Erinnerung, ihre fordernde Präsenz, der ein vernichtender und ein lebensspendender Aspekt inne wohnt, und die Schwierigkeit des Umgangs mit den Erinnerungen werden an Hand der weiblichen Figuren vorgestellt. Die Konfiguration der Figuren verdeutlicht sich in einem Dreieck, in dem die unterschiedlichen Haltungen, die gegenüber der Vergangenheit eingenommen werden können, symbolisch dargestellt sind. Elektra (Erinnern) und Klytämnestra (Verdrängen) vertreten zwei extreme, einander entgegengesetzte Positionen, zu denen Chrysothemis (Vergessen) sich in eine ausgleichende Position begibt, die den Maßstab des Verträglichen setzt und die Pathologie der beiden anderen Figuren unterstreicht. An Hand der „Elektra" stellen sich die Arten des Umgangs mit dem Vergangenen mittels Erinnerung in ihrer pathologischen Ausformung dar, anders verhält es sich in „Fräulein Else".

5.4 Psychopoetik der Erinnerung

Laut Konstanze Fliedl wollte Schnitzler die Mechanismen von Erinnern und Vergessen keineswegs in der pathologischen Variante präsentieren. Kunst

---

[141] Siehe S. 24.
[142] Doch Elektra vergibt auch nicht, ein Aspekt, der für ihren Untergang ebenso relevant ist, in diesem Kontext allerdings zweitrangig.
[143] LeRider, Jacques: Hugo von Hofmannsthal. Historismus und Moderne in der Literatur der Jahrhundertwende. Aus dem Franz. von Leopold Federmair. Wien, Köln, Weimar: Böhlau 1997, S. 173.

habe für Schnitzler als „authentische Erinnerung" zu funktionieren[144], weshalb gerade der innere Monolog eine geeignete Kunstform ist, um die Mechanismen der Erinnerung durchzuspielen. Erinnern ist für ihn ein zunächst selbstbezogener, reflexiver Akt und bedeutet Selbstbeobachtung im Strom der Zeit, Selbstspaltung und Selbstverdopplung. Allesamt Merkmale, die auf rationalen Mechanismen basieren, die sich im Bereich des Bewusstseins bewegen und eine eigens motivierte Gedächtnisleistung erfordern. Schnitzlers Interesse liegt also auf der bewussten, vom Individuum fassbaren Ebene, in der die Erinnerungen wirken.

In Auseinandersetzung mit der Psychoanalyse wich Schnitzler entscheidend vom Freudschen Gedächtnismodell ab. Er hatte seine eigenen Vorstellungen, wie das Gedächtnis aufgebaut ist. In Abgrenzung zum Freudschen Modell führte er ein Mittelbewusstsein ein, das „als vorbewußter Bereich trotzdem in einem voluntaristischen Akt vom Ich selbst zu explorieren ist."[145] Denn im Gegensatz zu Freud[146] ist er der Ansicht, dass das Ich über seine Erinnerungen verfügt, wenn es sich vor einer ehrlichen Selbsterkenntnis nicht scheut und dass das, was das Ich nicht erinnern kann, unwiderruflich vergessen ist. „Anders als Freud, hält Schnitzler dezidiert an der Integrität von Erinnerungen fest"[147] und beharrt auf der Verantwortlichkeit des Individuums für seine Erinnerungen. Seine Auseinandersetzung mit der Erinnerung berührt also nicht, wie bei Freud den Einfluss und das Wirkungsfeld des Unbewussten, sondern fokussiert die Erinnerung im Bewusstsein. Demnach erfährt die Erinnerung in „Fräulein Else", die nun Gegenstand der Untersuchung dieses Kapitels ist, eine andere Behandlung als in „Elektra".

Im Zusammenhang mit Elses familiärem Hintergrund wird die Vergangenheit einmal kurz aufgerufen, sonst erscheint sie beiläufig in kleinen, fragmentarischen Bruchstücken, die die Gedanken zu aktuellen Ereignissen durchkreuzen oder Träume durchziehen. Die Erinnerung durchzieht die Erzählung „Fräulein Else" und tritt hinter ihrem vordergründigen Konflikt zurück. Der auf Else zukommende Konflikt ruft im Gedächtnis aufbewahrte Eindrücke bestimmter früherer Erlebnisse wach – „neulich bei Figaro sein Blick, – plötzlich ganz leer – ich bin erschrocken."(FE: 332) – die zu durchgängig verstandenen Erinnerungen werden, an Hand derer Else ihre familiären Hintergründe reflektiert. Dieser Übergang vom reflexiven Abrufen vergangener Eindrücke zu Erinnerungen ist eine Wandlung.[148] Elses Erinnerungen an ein heiles

---

[144] Vgl. Fliedl (1997): 29.
[145] Fliedl (1997): 29.
[146] Siehe S. 23.
[147] Fliedl (1997): 29.
[148] Im Erinnern ist das Erinnerte einem Transformationsprozess ausgesetzt. Die Gegenwart ist Anlass und Ausgangspunkt des Erinnerns und Grund der Verschiebung, Verformung und Umwer-

Familienverhältnis verwandeln sich im Licht ihrer aktuellen Lage in ein Familiendrama. Ihre Erinnerung erhält nachträglich Gewicht und bestimmt ihr zukünftiges Handeln.
Die Erinnerung findet in Elses durcheinander purzelnden Gedankensplittern ihren Ausdruck. Vermischt mit Phantasie und Realität durchzieht sie den Text und tritt selten in Reinform auf. Sie wirkt in allen Bewusstseinsbereichen, in Elses Reflexionen über stattfindende und vergangene Ereignisse, in ihren Träumen und Wunschvorstellungen:

> „Der Mond ist noch nicht da. Der geht erst zur Vorstellung auf, zur großen Vorstellung auf der Wiese, wenn er Herr von Dorsday seine Sklavin nackt tanzen läßt. [...] Nun, Mademoiselle Else, was machen sie denn für Geschichten? Sie waren doch schon bereit auf und davon zu gehen, die Geliebte von fremden Männern zu werden [...] Für einen Perlenschmuck, für schöne Kleider, für eine Villa am Meer sind Sie bereit sich zu verkaufen?"(FE: 355)

An Hand dieses Beispiels lassen sich die vielzähligen und unterschiedlichen Faktoren aufzeigen, die Elses Bewusstseinsstrom beeinflussen. Die Wahrnehmung der gegenwärtigen Umgebung wird mit dem Konflikt in Verbindung gebracht, den sie wechselseitig mittels Phantasie und Ratio bearbeitet, die wiederum von ihrem Pflichtgefühl bestimmt werden.
Die Situationen, die sie peinlich berührt haben, werden in ihre Träume, denen sie viel Zeit widmet und die ein Ausdruck ihrer Verinnerlichung sind, integriert:

> „Ich lege mich gleich wieder auf die Bahre hin. Wo ist sie denn? [...] Ich werde jetzt zu Fuß auf den Friedhof gehen, da erspart die Mama das Begräbnis. Wir müssen uns einschränken.[...] Wie darf man jemand so anschaun, der tot ist! Das ist zudringlich."(FE: 353)

Erlebtes und Geträumtes vermischen sich, aktuelle Wahrnehmung mit Vergangenem. In dem Ausmaß, wie sich diese Bereiche erst überschneiden und dann vermischen, kann Else auch nicht mehr zwischen Erlebtem und Geträumten unterscheiden.

> „Ich bin nicht ohnmächtig. Ich träume nur. [...] Wie kommt denn Cissy auf die Wiese.[...] Bin ich nicht heute

---

tung des Erinnerten zum Zeitpunkt seines Rückrufs. Das Erinnern ist immer ein rekonstruktives Verfahren. Siehe Assmann (1998): 151.

schon auf einer Bahre gelegen? War ich nicht schon tot? Muß ich denn noch einmal sterben?"(FE: 374)

In dem die Erzählung abschließenden Traum vermischen sich Elses Bewusstseinszustände, ihre Ängste und Wünsche, Realität und Fiktion zu einem Wahn. Ihre Gedanken und die Realitätsfetzen, die ihre Wahrnehmung aufnimmt, fliegen durcheinander und vermengen sich zu einem Traumgebilde:

„Ja, fang' ihn nur, den Herrn von Dorsday. Dort läuft er.[...] Ich laufe mit. Sie haben mir die Bahre auf den Rücken geschnallt, aber ich laufe mit. [...] Warum laßt Ihr mich denn allein durch die Wüste laufen? Ich habe ja Angst so allein. Ich werde lieber fliegen. Ich habe ja gewußt, daß ich fliegen kann.[...] Noch nie habe ich so eine helle Nacht gesehen. Gib mir die Hand, Papa. Wir fliegen zusammen."(FE: 380)

Kindheitsängste steigen empor und überlagern aktuelle Schuldgefühle, die ansonsten nicht zum Ausdruck gelangen: „Du vergißt aber alles. Sie sollen mehr Skalen üben, Else. Ein Mädel mit dreizehn Jahren sollte fleißiger sein."(FE: 380) Es scheint verwunderlich, dass die in weiter Ferne liegende Vergangenheit plötzlich auftaucht und in Elses Gedanken noch immer einen Platz findet. Sie verweist darauf, dass diese Vergangenheit nicht so weit entfernt liegt wie anzunehmen wäre, denn schließlich hat Else ihre kindliche Abhängigkeit von ihrem Elternhaus noch nicht überwunden.

Ein Automatismus durchzieht Elses Gedankenfluss zum Ende hin: „Adresse bleibt Fiala..." an diesem Satzfragment aus dem Telegramm der Mutter, der für ihren Auftrag steht und ein Gebot symbolisiert[149], hält sie sich fest. Die Strategie dieses Sprachsymbols besteht darin, eine bestimmte erinnerte Situation zum Zeichen für das Gebot der Eltern zu machen. Der Satz gleicht einer Sentenz, der sie nachzugehen hat. Die Verpflichtung und das Gefühl der Verantwortung gegenüber der Familie sind der emotionale Anstoß der Aufforderung der Eltern nachzukommen und verhindern, dass sie selbst in ihrer ganzen Verwirrung von diesem Ziel abkommt: „und komme zum zweitenmal auf die Welt... sonst alles vergeblich – Adresse bleibt Fiala. Haha!"(FE: 364) Wie eingegraben beherrscht dieser Satz ihr ganzes Wesen. Er durchzieht alle ihre Bewusstseinslagen und gibt ihren Handlungen eine Richtung, die sie ins Verderben treibt. Es ist diesmal das Über-Ich, das das Unbewusste und das Vorbewusste beherrscht. Else ist durch und durch bis zum Zusammenbruch (hysterischer Anfall) von ihrem Gewissen und ihrer Vernunft beherrscht, die den Gesellschaftszwängen und den äußeren Anforderungen folgen. Hier klingt die

---

[149] Siehe Kap. 4.1.

Spaltung an, unter der Else, stellvertretend für das moderne Individuum, leidet und die zu ihrer Auflösung und letztendlich zum hysterischen Zusammenbruch führen. So ist ihr Zusammenbruch nicht einer traumatisch-verdrängten Erinnerung zu verdanken, sondern eher von außen erzeugt und den soziopathologischen Zwängen zuzuschreiben. In diesem Sinne kann nicht von einer pathologischen Erinnerung ausgegangen werden.

Schnitzler rollt hier eine „Psychopoetik der Erinnerung" auf. An Hand von Elses Gedankenfluss werden die verschiedensten Weisen, in der die Erinnerung Eingang ins Bewusstsein finden kann, veranschaulicht. Dabei fällt ins Auge, wie nachdrücklich eine minimale Erinnerung, die an einen Satz gebunden oder eine Assoziation gekettet ist, die Gegenwart und die Zukunft bestimmen kann.

Dahingehend, dass die Vergangenheit für den Menschen bedeutsam ist und die Erinnerung eine gewisse Macht über ihn ausübt, stimmen Schnitzler und Hofmannsthal miteinander überein. Beide divergieren voneinander in der formalen Behandlung und der Betrachtungsweise von Erinnerung und Vergangenheit. Hofmannsthal thematisiert den Umgang und die Art des Erinnerns und Vergessens, indem er gemäß des antiken Stoffes seine Figuren symbolisch besetzt, während Schnitzler den zeitgenössischen Kriterien zufolge zum inneren Monolog und dem Bewusstseinsstrom greift, die es ihm ermöglichen, die verschiedenen Mechanismen des Erinnerns und deren Ineinandergreifen mit den Funktionen des Bewusstseins zu beleuchten.

6 Zeitenwandel und Untergang in „Fräulein Else" und „Elektra"

6.1 Einleitung

Wie anfangs zur Wiener Moderne ausgeführt wurde, charakterisiert sich die Epoche durch die vorherrschende Krisenstimmung, die die vorliegenden Texte zum Ausdruck bringen. Schnitzler und Hofmannsthal rekurrieren zudem auf ihre symptomatischen Erscheinungen, die in die Texte einfließen. Beide Texte handeln von einer Krise des Subjekts, die sich in einer Identitäts- und Sprachkrise manifestiert und in Auflösungserscheinungen endet. Beide Autoren greifen auf die Hysterie zurück, um diese Phänomene zum Ausdruck zu bringen.

Zuerst soll an Hand eines theoretischen Abrisses zur Identität die Tragweite der Krise veranschaulicht werden. Aus ihm wird die Bedeutung der Vergangenheit und der Erinnerung erneut ersichtlich, die aber keine weitere Beachtung findet, da sie schon behandelt wurde, und nun der Fokus auf die Zukunft und die Frage nach Wandlung gerichtet werden soll.

6.2 Identitätskrisen

Die Krisenstimmung des Fin-de-siècle rührt von einem Entfremdungsgefühl her, das auf dem Gefühl der fehlenden örtlichen und zeitlichen Verankerung, das heißt auf Entfremdung gegenüber der Umgebung und dem Gefühl der Verlorenheit basiert. Sie ist durch die Heimat- und Ortlosigkeit, die durch den Wegfall der traditionalen Ordnungsrahmen erfolgte, begründet. In dieser Krisenstimmung ist dem modernen Menschen seine ursprüngliche Einheit von Selbst und Welt nicht gegeben, womit er veranlasst wird, sich um seine Integrität, seine Ganzheit und Unversehrtheit zu sorgen, und nach einer neuen Identität zu suchen: „Wer seine kulturelle Verwurzelung verliert, ist gezwungen sich auf die Suche nach seiner Vergangenheit zu machen."[150]

Die Vergangenheit ist konstitutiv für eine räumliche und zeitliche Positionierung des Individuums „und bietet einen Schauplatz für Konflikt ebenso wie für Identifikation."[151] Ihre Bedeutung für das Individuum liegt in der Konstitution seiner selbst, die das Resultat „eines kontinuierlichen, produktiven Akts der Selbstaneignung vergangener Erfahrungen und zukünftiger Möglichkeiten" ist.[152] Bewusstsein, Selbstreflexion und Erinnerung spielen in diesem

---

[150] Burke, Peter: „Geschichte als soziales Gedächtnis." In: Mnemosyne. Formen und Funktionen der kulturellen Erinnerung. Hg. v. Aleida Assmann u. Dietrich Harth. Frankfurt a. M.: Fischer 1991, S. 297.
[151] Assmann (1999): 15.
[152] Vgl. Assmann (1999).

Zusammenhang eine wichtige Rolle. Die Erinnerung verweist auf den Zusammenhang von Vergangenheit und Identität. Sie korrespondiert mit ihr und leistet einen wesentlichen Beitrag zur Identitätskonstitution. Eine Identität zu konstruieren heißt, sich im Raum (gesellschaftliche Positionierung) und in der Zeit zu verorten (Kontinuitätsgefüge).

> „Die Kontinuität des Subjekts, das sich in seiner eigenen Vergangenheit sucht und sich in seinen Erinnerungen und den Erzählungen anderer erkennt, das entspricht der Kontinuität des Handelnden, der heute für das verantwortlich ist, was er gestern tat, und dessen Bewußtsein von der eigenen Existenz und ihrer Kohärenz […] gestärkt wird".[153]

Somit ist eine integre Identität die Voraussetzung um selbstbestimmt handeln zu können und Kontinuität und Kohärenz sind ihre Grundpfeiler. Identität[154] ist ein Konstrukt, das für den Augenblick geschaffen wird. Der Begriff der Identität hat zwei Facetten – eine statische Seite und einen Entwicklungsaspekt – in denen mehrere Dimensionen aufscheinen, die wiederum Spannung erzeugen: Einheit und Spaltung, das heißt Kohärenz und Dissoziation, Identität und Alterität, das Verhältnis von Selbstbezogenheit und der Bezug zu anderen.

Traumata und Krankheiten können dieses Konstrukt gefährden. Identitätskrisen zeichnen sich durch Orientierungslosigkeit, durch Diffusion des biographischen und historischen Zeitbewusstseins aus, durch die Fähigkeit selbstbestimmt zu handeln und die Gewissheit eine einheitliche Person zu sein. Sie äußern sich in Symptomen wie Angst, in Gefühlen der inneren Brüchigkeit und Zerrissenheit, der Versteinerung und der Depersonalisation.[155]

Vor diesem theoretischen Hintergrund wird die Subjektkrise, die in beiden Werken an den Figuren vorgeführt wird, anschaulich. Beide Werke, „Fräulein Else" und „Elektra" handeln von einer Krise des Subjekts.[156] In beiden Texten stellt sich angesichts der misslichen Lage der Figuren die Frage nach ihrer

---

[153] Friese, Heidrun „Identität: Begehren, Name und Differenz." In: Identitäten. Erinnerung, Geschichte, Identität 3. Frankfurt a. M: Suhrkamp 1999 (2. Auflage), S. 28.
[154] Ich-Identität oder personale Identität bezeichnet „das Bewußtsein eines Menschen von seiner eigenen Kontinuität *über die Zeit hinweg* und die Vorstellung einer gewissen Kohärenz seiner Person."(PW: FS: 45)
[155] Vgl. Straub, Jürgen: „Personale und kollektive Identität. Zur Analyse eines theoretischen Begriffs." In: Identitäten. Erinnerung, Geschichte, Identität 3. Frankfurt a. M.: Suhrkamp 1999 (2. Auflage), S. 85.
[156] Vgl. Lersch-Schumacher, Barbara: „‚Ich bin nicht mütterlich'. Zur Psychopoetik der Hysterie in Schnitzlers ‚Fräulein Else'. In: Text u. Kritik. Arthur Schnitzler. Hg. v. Heinz Ludwig Arnold. H. 138/139 (1998), S. 86.

Integrität und Versehrtheit. Die Frauen in „Elektra" und auch Else können sich weder zeitlich noch räumlich verorten, weil sie, wie schon im vorigen Kapitel ausgeführt wurde, keine Anknüpfungsmöglichkeiten an ihre Vergangenheit haben. Ihre Erinnerungen sind keine Anknüpfungspunkte für ihr Handeln in der Gegenwart. Sie können sich nicht in ein Kontinuitätsgefüge stellen, da die Vergangenheit weg gebrochen ist. Unter Kontinuität wird in diesem Zusammenhang das Eingang finden der Vergangenheit in die Gegenwart verstanden. In „Elektra" leiden alle drei Frauenfiguren seit der Ermordung Agamemnons unter einem Identitätsverlust: „[I]ch bin / gar nichts. Ich habe alles, was ich war / hingeben müssen."(E: 103) Elektra ist zu einem Nichts geworden und lebt ohne eine gegenwärtige Identität. Als Trauernde betritt sie die Bühne – „Wo bleibt Elektra? / Ist doch ihre Stunde, / die Stunde, wo sie um den Vater heult, / daß alle Wände schallen."(E: 63) – und zeichnet sich dadurch aus, dass sie durchgängig über den gesamten Handlungsverlauf hinweg bis zu ihrem Untergang der trauernden Erinnerung verhaftet bleibt. Sie wird als Von-der-Trauer-um-den-Vater-Besessene vorgeführt, für die es kein Leben mehr nach dem Mord gibt. „Es ist die Stunde, unsre Stunde ist's! / Die Stunde, wo sie dich geschlachtet haben"(E: 66). Sie identifiziert sich mit dem Ermordeten und fühlt sich ihm zugehörig. Ihr Leben besteht aus dem trauernden Erinnern an den Vater. Es ist der einzige Bezugspunkt zu ihrer vergangenen Identität und Stellung: „Und war doch eines Königs Tochter! / Ich glaube, ich war schön"(E: 101). Sie hält an dem fest, was schon längst verloren ist: „ich bin das hündisch / vergoß'ne Blut des Königs Agamemnon! / Elektra heiß' ich."(E: 99) und konstruiert eine Identität, die keinen Platz in der Gegenwart hat und einzig in der Vergangenheit eine Verankerung findet.

Ein weiteres Phänomen der Identitätskrise, ein Aspekt der Entfremdung, ist die Aus- und Abgrenzung, die Isolation und die damit einhergehende Einsamkeit, die Elektra charakterisiert. Diese ist ausgegrenzt und grenzt sich zugleich gegen alle ab. In dem Wissen, dass sie nirgends einen Verbündeten findet, der gewillt ist, ihr Schicksal zu teilen, entsagt sie allen familiären Bindungen: „Ich [...] habe keine Mutter, / bin kein Geschwister, habe kein Geschwister"(E: 97). Die Reduktion ihrer Selbst geht so weit, dass sie ihr Geschlecht verleugnet: „...und fühle / doch nichts von dem, was Weiber, heißt es, fühlen"(E: 97).

Wie zuvor festgestellt wurde, bilden die drei Frauen ein Dreieck, das auch in Bezug auf ihre Identitätsproblematik eine Rolle spielt. Klytämnestra und Chrysothemis haben ebenfalls ihre Identität verloren. Obwohl Klytämnestra dank der Umstände eine privilegierte Position als Herrscherin einnimmt, leidet sie unter der Gegenwart und einem Identitätsverlust: „ich weiß / auf einmal nicht mehr, wer ich bin"(E: 79). Klytämnestra hat sich selbst verloren. Die

Frage, ob sie noch die Gleiche ist, hat für sie eine grundlegende Bedeutung, da sie die Frage beinhaltet, ob sie noch für ihre Vergangenheit verantwortlich sei. „Bin ich denn noch, / die es getan?"(E: 83) Auf ihr Leiden an der inneren Brüchigkeit ist im Kapitel 5.1 verwiesen worden. Das Gefühl des inneren Zerbrechens, ebenso wie Chrysothemis Versteinerung entsprechen den Krisensymptomen beim Identitätsverlust.

Dass auch Chrysothemis, wie Elektra, ihre Identität und ihre gesellschaftliche Stellung verloren hat, ist für sie unerträglich: „Aber dies ertrag' ich / nicht länger, hier zu lungern bei den Knechten / und doch nicht ihresgleichen, eingesperrt / mit meiner Todesangst bei Tag und Nacht!"(E: 70) Im Gegensatz zu Elektra, die sich im ‚Warten' eingerichtet hat, sucht Chrysothemis nach einer Lebensmöglichkeit, die sie in einem Weiberschicksal zu finden vermeint: „Viel lieber tot, / als leben und nicht leben. Nein, ich bin / ein Weib und will ein Weiberschicksal."(E: 71) Somit stellt sie das traditionelle Frauenbild dar, zu dem sich Elektra in Opposition begibt.[157] „Eh' ich sterbe, / will ich auch leben! Kinder will ich haben"(E: 70). Chrysothemis nimmt mit ihrem Lebenswillen und ihrer Sehnsucht nach Normalität ebenso wie Klytämnestra eine entgegengesetzte Position zu Elektra ein: „[D]ie Todestreue Elektras steht der Lebenstreue der Schwester unvermittelbar gegenüber".[158]

Die drei weiblichen Figuren sind zudem auch von einer Ich-Auflösung betroffen. Die Auflösung zeichnet sich in Klytämnestras Klage ab: „Kann man denn / vergehen, lebend, wie ein faules Aas? / kann man zerfallen"(E: 79). Spürbar leidet sie unter der stagnierenden Gegenwart: „…daß mir in den Knochen / das Mark sich löst […] und nicht der zehnte Teil der Wasseruhr / ist abgelaufen"(E: 79). In einem Dämmerzustand bewegt Klytämnestra sich zwischen Traum und Wirklichkeit: „…so gehst du hin im Taumel, immer / bist du als wie im Traum."(E: 75) Das Traumwandeln deutet auf ihre Abwesenheit in der Realität hin, die ihre Auflösung metonymisch zum Ausdruck bringt.

Chrysothemis fühlt sich vergehen: „Es ist ja nicht ein Wasser, das vorbeirinnt, / […] ich bin's ja, ich! / Ich möchte beten, daß ein Gott ein Licht / mir in der Brust anstecke, daß ich mich / in mir kann wieder finden!"(E: 71) Das Zerfließen, auf das sie anspielt, symbolisiert Ich- und Formverlust.

Wie sich gezeigt hat, drückt sich an Hand der Figuren der Identitätsverlust aus. Jede Einzelne erfährt diesen Verlust in einer anderen Ausprägung, die auf die Identitätslosigkeit folgende Ich-Auflösung haben alle Figuren gemeinsam. Ihre Auflösung erfolgt von Innen her. Auf Elektras Auflösung wird später ausführlicher eingegangen, da diese mit ihrem Untergang in unmittelbarer Verbindung steht. Elses Auflösung, die mit der nicht gelingenden Bewältigung

---

[157] Marshall (1996): 219.
[158] Mayer (1991): 238.

ihres Identitätsproblems zusammenhängt, wird ebenfalls im abschließenden Kapitel behandelt.

6.3 Identitätslosigkeit

„Fräulein Else" ist von Schnitzler als „ein[...] größere[s] literarische[s] Vorhaben über jüdische Psychologie" konzipiert worden.[159] Einerseits behauptet Else, dass sie ihr Judentum nicht verleugne, andererseits ist sie stolz darauf, dass man ihr ihre jüdische Identität nicht ansieht:

> „Mir sieht's niemand an. Ich bin sogar blond, rötlichblond, und Rudi sieht aus wie ein Aristokrat. Bei der Mama merkt man es freilich gleich, wenigstens im Reden. Beim Papa wieder gar nicht. Übrigens sollen sie es merken. Ich verleugne es durchaus nicht"(FE: 333).

Elses Identitätsproblematik stellt sich in doppelter Ausführung dar. Einerseits steht sie auf Grund der finanziellen Lage der Familie im Abseits und andererseits ist sie ohnehin das Leben einer Randgruppe mit dessen sozialpsychologischen Implikationen gewohnt, dadurch dass sie aus einer jüdischen Familie kommt. Der Zwang zur Anpassung ist biographisch und soziokulturell begründet, woraus sich ihre ausgeprägte Selbstbeobachtung erklärt: „Wie merkwürdig meine Stimme klingt. Bin das ich, die da redet? [...] Ich habe gewiß jetzt auch ein anderes Gesicht als sonst."(FE: 341)
Die Gestaltung der Erzählung „Fräulein Else" als inneren Monolog ermöglicht es Schnitzler eine Durchleuchtung der menschlichen Psyche und die Darstellung psychischer Abläufe im Bewussten und Unbewussten vorzunehmen, womit Elses Zerrissenheit in einzigartiger Weise dargestellt wird, ihre Ängste aufgedeckt und ihr Verlangen nach Mitteilung bei gleichzeitiger Sprachlosigkeit dargestellt werden können. Der innere Monolog soll laut Konstanze Fliedl in Schnitzlers Werk die augenblicklichen Reiz-Reaktions-Mechanismen des Bewusstseins vor der ordnenden Zensur, vor der rationalen Kontrolle abbilden.[160] Durch den inneren Monolog wird die Spaltung von Subjekt und Objekt der Beobachtung sichtbar. „Wie merkwürdig meine Stimme klingt. Bin das ich, die da redet?"(FE: 341) „Die Entfremdung [wird] durch [...] ihre ständigen Selbstkommentierungen vorgeführt. Sie spaltet sich in die Sprechende und die Besprochene, ebenso wie in die Beobachterin und

---

[159] Vgl. Mattenklott (1991): 227.
[160] Fliedl (1997): 16.

das Blick-Objekt."[161] Elses besessene Selbstbeobachtung zieht sich durch das ganze Werk: „Warum geh' ich so langsam? Fürcht' ich mich am Ende vor Mamas Brief?"(FE: 325) Sie befragt konstant ihre eigenen Regungen und ihre Wirkung auf Andere. „Der Portier wird mich für wahnsinnig halten, wie ich da auf der Lehne sitze und in die Luft starre."(FE: 338) Schnitzler führt eine Spaltung in Subjekt und Objekt der Beobachtung vor, die sich auf die Erzählhaltung auswirkt. Else denkt assoziativ und reflexiv, kommentiert ihre Gedanken und redet mit sich selbst, indem sie sich verdoppelt: „Bin ich wirklich so schön wie im Spiegel? Ach, kommen Sie doch näher, schönes Fräulein. [...] O, ich bin keineswegs verrückt. Ich bin nur ein wenig erregt."(FE: 365) Ihr Verhalten und ihr Wesen kommt dem Prototyp der bürgerlichen Frau nach.

In der Erzählung „Fräulein Else" befasst sich Schnitzler mit der Position der Frau und kommt zu der Erkenntnis, dass kulturelle Entwürfe ihre Selbstfindung blockieren. Elisabeth Bronfen zufolge war das weibliche „Sterben an der Kultur" für Schnitzler „der einzig offene Weg, das zu retten, was den Frauen verweigert wurde, nämlich ihre Subjektivität."[162] Im Hinblick darauf, dass Identitätsarbeit ein kultur- und gesellschaftsspezifischer Modus ist, um Subjektivität zu formen, wird verständlich, warum Else zwanghaft nach Identifikationen sucht. Schnitzler zeichnet eine Sackgasse, die die gesellschaftliche Position der Frau in der Kultur bezeichnet. Die Voraussetzungen um ein selbstbestimmtes Leben führen zu können und sich eine Identität zu sichern, sind für Else von vornherein verstellt. „Wer heiratet die Tochter eines Defraudanten?"(FE: 335) Elses Problem ist, dass sie nicht zum Arbeiten erzogen wurde, sondern zum Heiraten. Denn um die Jahrhundertwende ist der Ehemann noch immer das einzige Mittel für eine bürgerliche Frau, eine Zukunftsperspektive und eine Position in der Gesellschaft zu erhalten. Else erlebt diese gesellschaftliche Regelung als Versteigerung ihrer selbst: „[S]ie haben mich ja doch nur daraufhin erzogen, daß ich mich verkaufe, so oder so."(FE: 355) Der gesellschaftlich für Else vorgesehene Lebensweg stürzt sie in eine Sinnkrise: „Wozu bin ich denn überhaupt auf der Welt?"(FE: 355)
Neben ihrer Überangepasstheit steht die Weigerung, sich den geläufigen gesellschaftlichen Normen unterzuordnen. In dem Sträuben Elses gegen die Norm und ihrem gleichzeitigen Entsprechen dieser Norm, die den ‚Marktwert' einer Frau an deren äußerlichen Erscheinung fest macht – „Wozu

---

[161] Lange-Kirchheim, Astrid: „Adoleszenz, Hysterie und Autorschaft in Arthur Schnitzlers Novelle ‚Fräulein Else'." In: Jahrbuch der deutschen Schillergesellschaft. Hg. v. Wilfried Barner, Walter Müller-Seidel u. Ulrich Ott. Jg. 42 (1998) Stuttgart: Alfred Kröner Verlag, S. 282.
[162] Bronfen, Elisabeth: „Weibliches Sterben an der Kultur. Arthur Schnitzlers ‚Fräulein Else'." In: Die Wiener Jahrhundertwende. Einflüsse, Umwelt, Wirkungen. Hg. v. Jürgen Nautz u. Richard Vahrenkamp. Wien, Köln, Graz: Böhlau 1993, S. 46.

schaut man denn so aus wie ich. [...] Wie schön meine blondroten Haare sind, und meine Schultern; meine Augen sind auch nicht übel. Hu, wie groß sie sind. Es wär' schad um mich."(FE: 362) – liegt ein modernes Element, das auf die Problematik der Emanzipation des Individuums und seine gleichzeitige Unterwerfung anspielt.
Bei der Lektüre „Fräulein Elses" fällt auf, dass Elses Innenleben von gesellschaftlichen Zwängen und Normen beherrscht wird; ihre Bewusstseinsinhalte sind durchgängig fremdbestimmt.

> „Elses Vorstellungs- und Erlebnisweise ist „zweiter Hand": sie erscheint wie eine Collage aus Versatzstücken geläufiger Ansichten, Bilder, Klischees. [...]Ihre ‚ichbezogen[e] Traum- und Romanwelt' ist durchgängiges Kennzeichen nicht vorhandener Authentizität."[163]

Ihre nicht vorhandene Authentizität und die äußeren Umstände sind Anzeichen ihrer Identitätsproblematik: „Öffnen Sie das Tor, Herr Matador. Erkennen sie mich nicht? Ich bin ja die Tote [...] Wo ist denn meine Gruft? Hat man die auch unterschlagen?"(FE: 353) Else sucht ihren Platz in der Gesellschaft und fühlt sich um ihn betrogen. Die Identitäten, die sie auf der Suche nach ihrem eigenen Selbst in Betracht zieht, sind höchst widersprüchlich. Sie spielt alle literarischen Klischees von Lebensmodellen in ihrer Phantasie durch, aber leben tut sie keine: „„Aus Ihnen hätte alles Mögliche werden können, Fräulein, eine Pianistin, eine Buchhälterin, eine Schauspielerin, es stecken so viele Möglichkeiten in Ihnen. Aber es ist Ihnen immer zu gut gegangen."(FE: 335) Sie nimmt überall Identifikationen vor und sucht aktiv nach Vorbildern, orientiert sich allerdings an den Falschen, die ihre kindliche Verhaftung zum Ausdruck bringen: „[I]ch die Hochgemute, die Aristokratin, die Marchesa, die Bettlerin, die Tochter des Defraudanten"(FE: 334). Die Marchesa entspricht nicht ihrem Stand und die fiktiven Lebensentwürfe sind nicht in die Realität übertragbar. So bleibt ihr als letzter Anhaltspunkt nur der eigene Körper: „[...] und kein Mensch wird ahnen, daß unter dem Mantel nichts ist, als ich, ich selber"(FE: 367). Ein Phänomen, das wie sich noch zeigen wird, der Zeit entspricht. Elses Identitätsproblem tritt unter zwei sich gegenseitig bedingenden und ineinander greifenden Aspekten in Erscheinung, äußerlich unter einem soziokulturellen Aspekt, der mit ihrer gesellschaftlichen Stellung als Frau und als Jüdin zusammenhängt, und innerlich, einem psychologischen Aspekt, der ihre Identitätslosigkeit verstärkt.

---

[163] Weinhold, Ulrike: „Arthur Schnitzler und der weibliche Diskurs. Zur Problematik des Frauenbilds der Jahrhundertwende." In: Jahrbuch für Internationale Germanistik. Jg. 19 (1987), S. 125.

Die mittels des inneren Monologs gegebene Introspektion ermöglicht es Schnitzler Elses Identitätsproblematik detaillierter und differenzierter darzustellen als dies in „Elektra" der Fall ist, wo die Figuren die Stimmung, die solche Krise hervorruft, und deren Merkmale lediglich beschreiben. Wie sich gezeigt hat, ist die Identitätslosigkeit, an der die Figuren in beiden Werken leiden, ähnlich, das heißt die äußeren Anzeichen, die auf die Krisensituation hinweisen, sind die Gleichen: Eine unmögliche Gegenwart, die drückende Präsenz der Vergangenheit, keine Zukunftsaussichten, die Isolation und das daraus folgende innere Zerfallen der Figuren sind Erfahrungsmomente, die vor dem Hintergrund der Entstehungszeit der beiden Werke zu betrachten sind.

Das Problem der Identität bereitet den Boden für das Ende der beiden Werke und den Untergang von Else und Elektra, es wirft die Frage nach dem Handeln und der Würde des Menschen auf, die im folgenden Kapitel im Vordergrund stehen werden.

6.4 Erstarrung und Tod

Die Frage nach der Handlungsfähigkeit der Figuren und der Möglichkeit des selbstbestimmten, eigenverantwortlichen Handelns ist eine, die sich bei der Lektüre der Werke aufdrängt. Beide Autoren räumen ihren Figuren den Willen zu Handeln ein, der für eine Auflehnung und der Treue zu sich selbst steht, in beiden Fällen aber zum Untergang führt.

In ihrer Fixierung auf die Vergangenheit ist Elektra wandlungs- und handlungsunfähig. Allein ihr Wille reicht nicht aus, um den Verlauf der Dinge zu bestimmen: „Nein, ich halte dich! / Mit meinen traurigen verdorrten Armen / umschling ich deinen Leib […] und mit meinem Willen…"(E: 93). Sie kann weder hervorbringen noch handeln: „[…] alle warten / weil ich den Reigen führen muß, und ich / kann nicht, der Ozean […] begräbt / mir jedes Glied mit seiner Wucht, ich kann mich / nicht heben!"(E: 110) Elektra ist auf ihr Schicksal festgeschrieben, sie spricht, ist sonst aber untätig. Nur durch die Tat könnte sie sich ins Leben einbringen. So lässt ihr die Tragödie nur den Untergang: „Ihr Verhältnis zur Tat, ihr Zögern und Warten, bildet den Kern ihres Leidens und die Ironie ihrer Tragödie. Sie ist eine, die will und nicht kann."[164] Das Drama „Elektra" führt die Erstarrung der Gegenwart vor, bis das blutige Ende einen fragwürdigen Wandel herbeiführt. Der Wandel bahnt sich an, als „[…] allen / […] die Gesichter ganz verwandelt"(E: 110) sind, doch schwingt

---

[164] Politzer, Heinz: „Hugo von Hofmannsthals ‚Elektra'. Geburt der Tragödie aus dem Geiste der Psychopathologie." In: Deutsche Vierteljahrsschrift für Literaturwissenschaft und Geistesgeschichte. Jg. 47 (1973), S. 100.

in dieser Anpassungsfähigkeit angesichts der Veränderung auch der Opportunismus des Hofes mit, der seine Fahne nach dem Wind hängt. Unabhängig von dem negativen Beigeschmack, den der vollzogene Wandel hat, ist seine Notwendigkeit von Anfang an augenscheinlich, da alle unter dem Stillstand und dem Warten leiden. Hofmannsthal widmet sich dem Problem des Wandels, indem er vorerst seine Figuren den existenziellen Konflikt leben lässt: „Geht denn nicht alles / vor unsern Augen über und verwandelt / sich wie ein Nebel? Und wir selber, wir!"(E: 82) Der unaufhörliche Wandel der Welt und des Daseins hat zwei Seiten im Hinblick auf seine ontologische Dimension. Zum Einen stellt er für den Menschen ein existenzielles Problem dar, indem er ihn mit seiner eigenen Vergänglichkeit und mit Verlusten konfrontiert und zum Anderen bietet er ihm Veränderung und Entwicklungsmöglichkeiten. Die ethischen Implikationen stehen dabei für Hofmannsthal im Vordergrund:

> „Verwandlung ist Leben des Lebens [...]; Beharren ist Erstarren und Tod. Wer leben will, der muß über sich hinwegkommen, muß sich verwandeln: er muß vergessen. Und dennoch ist ans Beharren, ans Nichtvergessen, an die Treue alle menschliche Würde geknüpft. Dies ist einer von den abgrundtiefen Widersprüchen, über denen das Dasein aufgebaut ist, wie der delphische Tempel über seinem bodenlosen Erdspalt."[165]

Die Treue gegenüber der Vergangenheit und die Notwendigkeit des Vergessens und des Wandels, dieser Widerspruch bildet den Kern der Tragödie. Elektras Wandlungsunfähigkeit bringt ihr den Tod. Wogegen Klytämnestras Wandlungsbereitschaft, ihr Wille die Vergangenheit abzustreifen, fragwürdig erscheint: „Ich sage, daß kein Ding / unwiderruflich ist."(E: 82) Angesichts des Toten ist diese Behauptung eine offensichtliche Verfemung. Aus ihr wird allerdings auch ersichtlich, dass der Mensch nur in einer Kontinuität für seine vergangenen Taten, seine Vergangenheit verantwortlich ist. Unter ethischen Gesichtspunkten stellt sich nun die Frage nach dem Gewicht und der Bedeutung der Vergangenheit für den Menschen. Die einzelnen Figuren stehen für verschiedene Positionen, die gegenüber Veränderungen eingenommen werden können. Elektra fällt die Extremste zu. Sie bleibt ihrer Vergangenheit treu – „[...] und glücklich ist, / wer Kinder hat, die um sein hohes Grab / so königliche Siegestänze tanzen!"(E: 68) – und verschließt sich gegenüber anderen Lebensmöglichkeiten und der Zukunft. Die Veränderbarkeit der Bedeutung

---

[165] Hofmannsthal, Hugo von: Sämtliche Werke. Bd. VII (Dramen 5). Hg. v. Klaus Bohnenkamp u. Mathias Mayer. Frankfurt a. M.: Fischer Verlag 1997, S. 461.

von Erinnerungen ist ein wichtiger Bestandteil für Wandel überhaupt, wie Aleida Assmann hervorhebt:

> „Daß sich das bewußte Gedächtnis verändern kann, [...] daß aktuelle Elemente unwichtig werden, latente Elemente emportauchen und neue Verbindungen eingehen [...] [ist] die Bedingung der Möglichkeit von Veränderung und Erneuerung in der Struktur des Bewußtseins, das ohne (diesen) Hintergrund [...] erstarren würde."[166]

Elektra leidet unter der Bedeutung, die sie der Vergangenheit bei misst, ihre Treue gegenüber dem Gedenken ist ihr Lebensproblem. Sie beharrt auf dem Vergangenen in einem Ausmaß, das sie vernichtet. Ihr Verhängnis ist ihr Beharren, ihre Wandlungsunfähigkeit. In einem Brief, den Hofmannsthal im Juli 1911 an Richard Strauss schreibt, kommt er explizit auf das „Grundthema" der „Elektra" zu sprechen:

> „Es handelt sich um ein simples und ungeheueres Lebensproblem: das der Treue. An dem Verlorenen festhalten, ewig beharren, bis an den Tod – oder aber *leben*, weiterleben, hinwegkommen, *sich verwandeln*, die Einheit der Seele preisgeben, und dennoch in der Verwandlung sich bewahren, ein Mensch bleiben, nicht zum gedächtnislosen Tier herabsinken. Es ist das Grundthema der ‚Elektra', die Stimme der Elektra gegen die Stimme der Chrysothemis, die heroische Stimme gegen die menschliche."[167]

Das Festhalten am Verlorenen und die Treue gegenüber der Vergangenheit macht Elektras Leben „zu einem Leben auf den Tod hin"[168]: „Ich weiß nicht, wie ich jemals sterben sollte – / als daran, daß du stürbest."(E: 76) Der Tod als Konfrontation mit dem Leben steht in Hofmannsthals „Elektra" im Mittelpunkt: „Der *dramatische Grundkonflikt von Leben und Tod* betrifft jede einzelne Figur der Tragödie."[169]

---

[166] Orientierung Kulturwissenschaft. Was sie kann, was sie will. Hg. v. Hartmut Böhme, Peter Matussek u. Lothar Müller. Reinbek bei Hamburg: Rowohlt Verlag 2000, S. 154.
[167] Richard Strauss – Hugo von Hofmannsthal. Briefwechsel. (Gesamtausgabe.) Hg v. Willi Schuh. Zürich: Atlantis Verlag 1964 (4., erg. Aufl.), S. 134. Zit. nach: Heinz Politzer: „Hugo von Hofmannsthals ‚Elektra'. Geburt der Tragödie aus dem Geiste der Psychopathologie." In: Dt. Vierteljahrsschrift für Literaturwissenschaft und Geistesgeschichte. Jg. 47 (1973) S. 117.
[168] Mayer (1991): 234.
[169] Mayer (1991): 233.

Der Tod als Konfrontation mit dem Leben ist, wie Elisabeth Bronfen es auf den Punkt gebracht hat, in „Fräulein Else" ein Grundthema. Elses Lebensgefühl und ihr Selbstmord geben dem Tod seine Bedeutung. Von Anfang an präsentiert sich der Tod als einzige Wahl und Möglichkeit zu selbstbestimmtem Handeln: „Die Situation ist unmöglich. [...] Ich lasse mich nicht so behandeln. [...] Ich werde mich auch umbringen. Eine Schande dieses Leben."(FE: 344) Ihr Leben gleicht in ihren Augen dem Tod. In ihm sieht sie, aus einer irrationalen Hoffnung heraus, die Möglichkeit eines neuen Lebens: „Ich bin nur ein wenig erregt. Das ist doch selbstverständlich, bevor man zum zweiten Mal auf die Welt kommt. Denn die frühere Else ist schon gestorben."(FE: 365) Ihre Gedanken kreisen fortwährend um den Tod, sie spielt mit ihm, nimmt ihn aber als endgültiges Ende nicht ernst, sondern sieht ihn als Anfang von etwas Neuem, Besserem; es ist der Anfang ihres zweiten selbstbestimmten Lebens. Der Tod erscheint ihr als bestmögliche Wahl gegen die psychische Starrheit, die ihrer Imagination nach, ihrer weiteren Existenz als Dienstmagd, als die Ehefrau eines älteren Mannes oder als Mätresse, inhärent wäre.

Der Tod als letzter Ausweg aus der Erstarrung und als Verwandlung, ebenso als Weigerung und letzte Möglichkeit die Würde zu bewahren, hat in „Fräulein Else" und in „Elektra" den gleichen Stellenwert, wobei sich seine Bedeutung verschiebt. Für Elektra erfüllt sich ihr Schicksal im Tod, während Else von außen in den Tod getrieben wird, da ihr die Überwindung des Konflikts nicht gelingt. So bleibt ihr letztendlich nur der Zweifel an dieser Wahl – ein spezifisch modernes Element.

Hofmannsthal geht in der Gestaltung der Elektra von der geistigen Erstarrung aus, während Schnitzler die Starre der bürgerlichen Verhältnisse ankreidet, an denen Else zu leiden hat. Die Erstarrung und die Ausweglosigkeit enden im Untergang, der mit der Ich-Auflösung und dem Tod der Figuren besiegelt wird. Sprachlosigkeit und Hysterie stehen für die Auflösung und kündigen den Untergang an.

6.5 Sprachkrisen

Die Bedeutung der Sprachlosigkeit, die die Sprachkrise begründet, soll in diesem Kapitel herausgearbeitet werden, da sie eine spezifische Erscheinung der Krisenerfahrung der Wiener Moderne und Gegenstand der philosophischen Reflexionen der Zeit ist. Die Sprachkrise steht in unmittelbarer Verbindung zur Identitätskrise, da die Sprachlosigkeit mit dem Ichverlust einhergeht. Um diesem Phänomen einen Ausdruck zu verleihen, greifen Hofmannsthal und Schnitzler zur Hysterie, die im nächsten Kapitel besprochen werden soll. Zuerst soll die Sprachkrise in einem Exkurs, der sich Hugo von Hofmannsthals

„Ein Brief" widmet, ein Text der die eindringlichsten Worte für die Krisenerfahrung der Zeit findet, verdeutlicht werden, um sogleich die Brücke zur „Elektra" zu schlagen, deren Erfahrungshorizont nicht unweit entfernt vom Inhalt des ‚Chandos-Briefes' liegt.

6.6 Exkurs: „Ein Brief" von Hofmannsthal

„Ein Brief" von Hugo von Hofmannsthal ist ein Schreiben, in dem Lord Chandos seinen Verzicht auf literarische Betätigung kund gibt, der aus einer tiefen Krise heraus entstanden ist. Am Anfang des ‚Briefes' steht also ein Verlust, der das Bewusstsein für die Vergangenheit weckt und die gegenwärtige Krise begründet:

> „[I]hr gütiger Brief läßt auch diese [Erinnerungen] heraufschweben. Jedweder vollgesogen mit einem Tropfen meines Blutes, tanzen sie vor mir wie traurige Mücken an einer düsteren Mauer, auf der nicht mehr die helle Sonne der glücklichen Tage liegt."[170]

Das Zurück-Erinnern des Verfassers an vergangene glückliche Zeiten einer kreativen Schaffensperiode, die den Brief einleitet, dient als Grundlage, um das Bewusstsein des Verlustes zum Ausgangspunkt zu machen und dem eigentlichen Thema des Textes voranzustellen.

Hugo von Hofmannsthals ‚Brief des Lord Chandos' ist das bekannteste Beispiel für das Ineinandergreifen der verschiedenen Ebenen der Krisenerfahrung zu einer umfassenden Krise, die in Sprachlosigkeit gipfelt. In ihm schildert Lord Chandos seinem Freund Francis Bacon brieflich den Grund seines Verzichts auf literarische Betätigung, die auf eine geistige Erstarrung zurückzuführen ist. Rückblickend auf sein vergangenes Schaffen und seine Kreativität spürt er einen brückenlosen Abgrund, der ihn von Vergangenheit und Zukunft trennt.

In dem ‚Brief des Lord Chandos' leuchtet die Krisenerfahrung der Wiener Moderne durch[171], in denen eine Krise der Wahrnehmung und der Erkenntnis artikuliert wird. Als zentrales Symptom dieser Störungen erscheinen die

---

[170] Hofmannsthal, Hugo von: „Ein Brief". In: Ders. Sämtliche Werke, Bd. 31, (Erfundene Gespräche und Briefe.) Hg. v. Ellen Ritter. Frankfurt a. M.: S. Fischer Verlag 1991, S. 49.
[171] Gotthart Wunberg verweist darauf, dass es falsch sei, die ‚Chandoskrise' um 1902 zu einer literarischen Krise der Zeit zu verallgemeinern, sie betrifft Hofmannsthal als Spezialfall, allerdings beleuchtet sie meines Erachtens die Symptome der allgemeinen Krisenerfahrung auf exemplarische Art und Weise und erfasst ihre Zusammenhänge. Vgl. Wunberg, Gotthart: „Depersonalisation und Bewußtsein im Wien des frühen Hofmannsthal." In: Literatur und Schizophrenie: Theorie und Interpretation eines Grenzgebiets. Eingeleitet u. herausgegeben v. Winfried Kudszus. München: dtv; Tübingen: Niemeyer 1977.

Merkmale der „Dekomposition von Wahrnehmungs- und Deutungsmustern".
In dem Brief werden die fundamentalen Merkmale der Krisenerscheinungen zusammengefasst:
Nicht nur das Ich und sein Bewusstsein sind für Lord Chandos fragwürdig geworden, sondern auch die Sprache und das Denken. Die Sprache ist für Hugo von Hofmannsthal von Tradition durchtränkt. Deshalb meint die literarische Figur Lord Chandos im Rückgriff auf die Tradition eine „geheime[...], unerschöpfliche[...] Weisheit" aufzufinden, die ihm die Gewissheit der Ganzheit und des natürlichen Zusammenhangs der Welt und der Dinge vermittelt. Doch ist er in „Kleinmut und Kraftlosigkeit" zusammengesunken, die sein Wollen ins Leere laufen lassen. Seine Wahrnehmung und sein Denken, die Worte und Begriffe zerfallen und entgleiten ihm: „Es zerfiel mir alles in Teile [...] [und] [d]ie einzelnen Worte schwammen um mich [...] Wirbel sind sie [...] die sich unaufhaltsam drehen und durch die hindurch man ins Leere kommt".[172]
Die Sprachkrise im ‚Brief des Lord Chandos' weist auf eine Krise der Wahrnehmung und des Bewusstseins hin: „Es ist mir völlig die Fähigkeit abhanden gekommen, über irgend etwas zusammenhängend zu denken oder zu sprechen."[173] Nur in seltenen Augenblicken in denen Lord Chandos mit dem Verfall und der Nichtigkeit der Welt konfrontiert ist, überkommt ihn ein „Anteilnehmen" und er fühlt ein „entzückendes, schlechthin unendliches Widerspiel" in und um sich, dass ihm dann ist, „als bestünde [sein] Körper aus lauter Chiffren, die [ihm] alles aufschließen", wenn er anfinge „mit dem Herzen zu denken".[174] Die Sprache in der er das „ganze fieberische Denken", „das unmittelbarer, flüssiger, glühender ist als Worte" ausdrücken könnte, ist „eine Sprache, von deren Worten mir auch nicht eines bekannt ist, eine Sprache, in welcher die stummen Dinge zu mir sprechen".[175] Denken und Sprechen können deshalb nur außerhalb der Sprache erfolgen.
Hier wird die Parallele zum Denken Machs augenscheinlich, für den das Ich keine Einheit mehr darstellt, sondern in Empfindungskomplexe zerfällt. Nach Mach ist die Wirklichkeit nur mittels Empfindungen erfahrbar.[176] Der einzig sichere Anhaltspunkt, der dem Menschen damit bleibt, ist sein Körper. Nur über ihn nimmt er die Welt wahr und begreift sie. Somit wird die momentane Empfindung zum Ausgangspunkt seiner Erkenntnis und des Lebens. In seinem ganzen Denken und Sein ist der Mensch auf seinen Körper zurückgeworfen, der wiederum auf den Augenblick angewiesen ist. Die Wichtigkeit des

---

[172] Hofmannsthal (1991): Bd. 31: 46.
[173] Hofmannsthal (1991): Bd. 31: 48.
[174] Hofmannsthal (1991): Bd. 31: 50.
[175] Hofmannsthal (1991): Bd. 31: 54.
[176] Vgl. Wunberg: (1977): 102.

Augenblicks entsteht mit der Annahme, „daß es keine objektive und bleibende äußere Wirklichkeit gibt, daß sie vielmehr sich nur in dem Augenblick scheinbar als objektiv konstituiert, da das Ich sie wahrnimmt."[177] Mit der Reduktion auf den Augenblick ist die Sprachproblematik verknüpft, da mit ihr eine Fragmentierung und Momenthaftigkeit einhergeht, die keine Einheit und keine Bezeichnungsmöglichkeiten zulässt. „Die Dinge können nicht mehr benannt werden, weil sie sich nur vielfältig und unzusammenfaßbar darstellen."[178] Das Vertrauen in die Sprache als Brücke zwischen unserem Denken und der Wirklichkeit, als Medium der Kommunikation, ist verloren gegangen. Denn die Sprache trennt das Ich von sich selbst und seiner Umwelt ab, womit die Erkenntnis, die aus ihr hervorgeht, das Ich nur täuschen kann. Das Ich wird als eine Instanz verstanden,

> „die in keiner Ordnung, keiner Struktur rationalen Wissens, keiner Sprache, keiner Grammatik, keinem Zeichensystem, keiner Hermeneutik restlos aufgeht, also niemals vollständig vermittelbar und mitteilbar ist".[179]

In der Annahme, dass das Ich seine Sicherheit nicht aus der Vernunft und der Sprache schöpfen kann, und dass Leben und Erkenntnis nur über „die grenzüberschreitende körperliche Erfahrung"[180] möglich sind, ist der Zusammenhang zwischen der Sprachlosigkeit/Sprachskepsis und der Hysterie zu finden. In ihr liegt der Grund zum Rückgriff auf die Hysterie, bevor aber auf diese eingegangen wird, soll die Sprachlosigkeit in Bezug auf „Fräulein Else" und „Elektra" untersucht werden.

6.7 Sprache und Schweigen

Vor dem Hintergrund der ‚Chandos-Krise' verhält sich die in der „Elektra" angelegte Sprachkrise folgendermaßen:

> „Ihr Sprachbewußtsein ist ein Teil ihres verfeinerten und gesteigerten Bewußtseins; ihre Sprachkritik ein Teil des Widerstands gegen ihre Umwelt; und ihre Sprachnot ein Teil ihrer kritischen Verfassung, ihrer Krankheit."[181]

---

[177] Wunberg: (1977): 94.
[178] Wunberg: (1977): 98.
[179] Straub, Jürgen: „Personale und kollektive Identität. Zur Analyse eines theoretischen Begriffs." In: Identitäten. Erinnerung, Geschichte, Identität 3. Frankfurt a. M.: Suhrkamp 1999 (2. Auflage), S. 79.
[180] Willem van Reijen: „Das unrettbare Ich." In: Die Frage nach dem Subjekt. Hg. v. Manfred Frank, Gérard Raulet u. Willem van Reijen. Frankfurt a. M.: Suhrkamp 1988, S. 395.
[181] Politzer (1973): 107.

Elektras Verhältnis zur Sprache ist von Ambivalenz gezeichnet. Ihre Macht liegt in den Worten – „[a]ber du hast Worte"(E: 79) –, deren Kraft geschätzt und gefürchtet wird. Klytämnestra sucht die heilende Kraft von Elektras Worten: „Wenn einer etwas Angenehmes sagt […] und nichts andres denken, / als Linderung zu schaffen."(E: 77) Hingegen erhält sie von Elektra eine heimtückische Prophezeiung: „Wenn das rechte / Blutopfer unter'm Beile fällt, dann träumst du / nicht länger."(E: 80) Das Medium, mit dem Elektra die Vergangenheit heraufbeschwört und die Zukunft vorwegnimmt, ist die Sprache. Andererseits weiß sie um die Brüchigkeit der Sprache und hat die Erfahrung der Sprachlosigkeit eigens erlebt: „Als ich haßte, / da schwieg ich reichlich. Haß ist nichts, er zehrt / und zehrt sich selber auf"(E: 105). In einer ihrer prophetischen Visionen fasst sie den Kern der Sprachkrise in Worte: „alles Denken / ist nichts, und was aus einem Mund hervorkommt, / ist ohnmächtige Luft"(E: 105). Elektras Bewusstsein um die Begrenzungen der Sprache ist aus einer leidvollen Erfahrung heraus entstanden: „[V]erendend willst du / dich auf ein Wort besinnen, irgend eines / noch von dir geben, nur ein Wort"(E: 86). Das Verlangen nach Sprache und die Unfähigkeit zu Sprechen vermitteln ihr das Bewusstsein, nur über das Sprachvermögen hinaus zu Erkenntnis und Einsicht zu gelangen: „und nun liest du mit starrem Aug' / das ungeheure Wort, das mir in mein / Gesicht geschrieben ist"(E: 86). Das Sprechen ist nur über den Körper möglich, da die Wörter ihre Gültigkeit verloren haben.

Elektras Weisheit drückt explizit den Kern der Sprachkrise aus und die aus ihr hervorgehende Annahme, dass der Zugang zur Erkenntnis nur außerhalb der Sprache möglich sei. Von dieser Annahme ausgehend wird verständlich, warum sich das Interesse hin zum Körperausdruck verlagert hat. Über die Worte hinaus besitzt Elektra eine Ausdrucksfähigkeit, die sich an ihrem Körper festmacht: „und da hab' ich mit meinem stummen / Dastehn dein letztes Wort zunicht' gemacht"(E: 86). Der Körper verrät, was der Geist nicht greifen kann. Seine Ausdrucksfähigkeit liegt jenseits des bewussten ‚Sprechens mit der Sprache'.

Im sprachlosen Begreifen, das dem Körper und den Empfindungen inhärent ist, macht sich der Einfluss des Denkens Fritz Mauthners bemerkbar, der davon ausgeht, dass „die eine Welt [nur] ohne Begriffe, ohne Sprache" begreifbar sei und der Zugang zum ganzheitlichen Wissen im „wortlosen Begreifen" liege, dass das echte Denken auszeichnet. Im Schweigen ist daher die brüchig gewordene Einheit des Ichs und der Welt noch möglich, die mit der Benutzung der Sprache zerfällt. Das Begreifen vergeht, sobald es in Begriffe und Worte gebannt wird, da die Einheit nur „im schweigenden Ich" aufrecht zu halten ist.[182] Deshalb endet Hofmannsthals „Elektra" im Schweigen, das für Elektra der einzig gebührende Ausdruck ihrer Selbsterfüllung und ihres ‚Triumphes' ist: „Ich trag' die Last [...] des Glückes, und ich tanze vor euch her. / Wer glücklich ist wie wir, dem ziemt nur eins: / schweigen und tanzen."(E: 110)

Im Schweigen endet auch Schnitzlers „Fräulein Else". Formal betrachtet steht der innere Monolog und inhaltlich gesehen Elses Aphonie in der Ohnmachtszene für das Schweigen-Müssen und ihr Alleingelassensein. Obwohl Else ausschließlich das Wort hat, teilt sie sich ihrer Umgebung von Anfang an nicht mit. Ihre Stimme beherrscht paradoxerweise den Text, obwohl sie im Geschehen untergeht. Am Ende führt das, was sie zu sagen sich versagt, zum hysterischen Anfall und zu ihrer absoluten Kommunikationsunfähigkeit.

> „Hilfe! Hilfe! Ich schreie doch, und keiner hört mich. [...] Ich kann mich nicht rühren. [...] Ich höre, aber ich schweige. Ich bin ohnmächtig, ich muß schweigen."(FE: 377)

In „Fräulein Else" schafft sich das Leid Gehör und sucht seine eigene Sprache. Elses Verhängnis zwingt sie ins Schweigen, denn ihr Leid ist für sie nicht mitteilbar. Sie bleibt der Nachvollziehbarkeit verschlossen und ist nicht vermittelbar.

Im Bewusstsein, dass das Wort hinter dem zurückbleibt, was zum Ausdruck gebracht werden soll, richtet Schnitzler die Sprache der Trauer und des Leidens in einem ‚dialogischen Zwischen' ein. Die Unvermittelbarkeit von Leid wird in dem Umstand zum Ausdruck gebracht, dass Else sich im Gegensatz zu Elektra nicht mitteilt und ihr Schmerz nicht direkt in Worte gefasst wird. Ihr Leiden hat keine eigene Sprache, nur dessen nicht gelingende Verdrängung wird offen gelegt.[183]

Schnitzler und Hofmannsthal treffen sich in dem Bewusstsein von der Unzulänglichkeit der Sprache und in ihrer Suche nach alternativen Ausdrucksmöglichkeiten. Da die Sprache ihre Verlässlichkeit eingebüßt hat, wurde es notwendig nach alternativen Ausdrucksformen zu suchen oder sie in Frage zu stellen. Hofmannsthal thematisiert die Sprachkrise, indem er sie zum Gegenstand in seinen literarischen Texten macht und Schnitzler erprobt neue Wege in der formalen Gestaltung, die dem Leser die Grenzen der Fassbarkeit und Mitteilbarkeit unmittelbar vergegenwärtigen. Beide Autoren bleiben aber der

---

[182] Vgl. Mautner, Fritz: Sprache und Leben. Hg. v. Gersholm Weiler, o. O. 1986, S. 47f. , S. 255f.. Zit. n.: LeRider, Jacques: Das Ende der Illusion. Die Wiener Moderne und die Krisen der Identitäten. Wien: ÖBV Publikumsverlag 1990, S. 72.
[183] Siehe Kap. 5.1.

Moderne verhaftet, da ihnen der radikale Bruch mit der Vergangenheit nicht gelingt, deren Schwere und Obsoleszenz ihnen zum Problem geworden ist.

7 Hysterie in „Fräulein Else" und „Elektra"

Wie sich gezeigt hat, wird in der Moderne ein Bruch zwischen Denken, Sprechen und Sein erfahren, der sich unter anderem an der Sprache festmacht, da diese die Brücke zwischen dem Denken und der Wirklichkeit ist. "Die Erkenntnis begann sich durchzusetzen, daß Denken, Reden und Sein einander nicht zu entsprechen brauchen, daß das Bewußtsein die Realität nicht wiedergibt und nicht bestimmt"[184],– dass die Sprache und ihre Wörter, die eine Bedeutung fixieren sollten, das Sein nicht erfassen können, da dies nicht „als stabile, mit sich selbst identische Ordnung" existiert, „das Sein [...] keine kontinuierliche selbstidentische Einheit" ist.[185] In ihr und ihren Begriffen sind die identitätsstiftenden Muster archiviert, die für Kohärenz und Kontinuität sorgten.[186] Da diese nun ins Wanken geraten sind, bricht einerseits die Sicherheit eines stabilen Ichs weg und andererseits breitet sich ein Gefühl der Depersonalisation aus.

> „Schnitzler und andere seiner Zeit [erfuhren] den Bruch zwischen Bewußtsein, Sprechen und Sein keineswegs nur als Befreiung von alten Bindungen, sondern dem krisenhaften Erleben der Jahrhundertwende gemäß eher als ein existentielles Dilemma."[187]

Dieses Erfahrungsmoment schlägt sich in „Fräulein Else" und „Elektra" nieder. In beiden Werken kommen Elemente der Krisenerfahrung zum Ausdruck, dadurch dass beide von einem existenziellen Dilemma handeln. Hofmannsthal gibt dem eine mythische Gestalt und Schnitzler greift auf den bürgerlichen Alltag zurück.
In Hofmannsthals „Elektra" steht die Auflösung des Individualbegriffs in Verbindung mit der Analyse der Tragik, die seiner Konzeption zufolge im Vordergrund stehen:

> „Meine antiken Stücke haben es alle mit der Auflösung des Individualbegriffes zu tun. In der ‚Elektra' wird das Individuum in der empirischen Weise aufgelöst, indem eben der Inhalt seines Lebens es von innen her zersprengt[...]. Elektra ist nicht mehr Elektra, weil sie eben ganz und gar Elektra zu sein sich weihte. Das Individuum kann nur scheinhaft dort bestehen bleiben, wo ein

---
[184] Weinhold (1987): 111.
[185] Friese (1999): 29.
[186] Friese (1999): 38.
[187] Weinhold (1987): 111.

Kompromiß zwischen dem Gemeinen und dem Individuellen geschlossen wird."[188]

Der Untergang der Figuren nimmt in beiden Werken seinen Anfang durch eine innere Grenzüberschreitung, die zur Ich-Auflösung führt und hysterische Züge trägt. In beiden Werken scheinen hysterische Merkmale auf. Der wichtigste Verweis ist die Ich-Schwäche, unter der die weiblichen Figuren in beiden Werken leiden. An ihnen selbst sind keine hysterischen Symptome sichtbar, aber sie tragen hysterische Merkmale, die sich in „Elektra" im Umgang mit der Vergangenheit äußern. Die Erinnerung an den Mord ist sprachlich festgehalten, bewusst und nicht unbewusst, in einem körperlichen Zeichen. Klytämnestra leidet zum Beispiel unter dem Verdrängten, das sie nicht erinnern kann. Wie bei einer Hysterikerin ist ihre Krankheit nicht organisch bedingt.

Else ist als Figur zur Hysterikerin disponiert, dadurch dass sie der Gesellschaft den Kompromiss verweigert: „Ich bin nicht geschaffen für eine bürgerliche Existenz".(FE: 358) Außerdem lässt ihr Erscheinungsbild auf einen anomalen Zustand schließen, wie sich aus den Kommentaren der Tante folgern lässt: „'Schon die ganzen letzten Tage habe ich so etwas kommen gesehen. Sie ist überhaupt nicht normal. Sie muß natürlich in eine Anstalt.'"(FE: 376) Angesichts Elses ausweisloser Lage verliert die Bezeichnung ‚krank' für ihren hysterischen Auftritt ihre Gültigkeit. Kategorien von normalem und abweichendem Verhalten verlieren ihre Gültigkeit und verschwimmen.[189] „Anstelle eines scheinbaren Krankheitsverlauf entwirft Schnitzler eine komplexe „Soziopathogenese".[190]

Doch erst am Ende der beiden Werke ist der Bezug zur Hysterie eindeutig: In „Elektra" weist, wie sich zunächst zeigen wird, Elektras ‚Freudentanz' Elemente des hysterischen Anfalls auf und in „Fräulein Else", die anschließend behandelt wird, ist der Bezug zur Hysterie explizit durch die Deutung ihres Ohnmachtsanfalls.

Mit der Ankunft Ägisths beginnt Elektras Hysterie: „Was tanzest du? Gib Obacht. / ELEKTRA indem sie ihn, wie in einem unheimlichen Tanz, umkreist, sich plötzlich tief bückend."(E: 108) Ihr Abgleiten in den Wahnsinn drückt sich anfänglich in ihrem Tanz aus und geht dann in Wahrnehmungsstörungen über – „ob ich die / Musik nicht höre? sie kommt doch aus mir / heraus."(E: 109) – die zur völligen Ich-Auflösung, zu einem Trance-Zustand führen: „Sie hat den Kopf zurückgeworfen wie eine Mänade. Sie wirft die

---

[188] Marshall (1996): 213.
[189] Lange-Kirchheim (1998): 275.
[190] Lange-Kirchheim (1998): 288.

Kniee, sie reckt die Arme aus, es ist ein namenloser Tanz, in welchem sie nach vorwärts schreitet."(E: 110)
Im Bild der Mänade verkörpern sich laut Gabriele Brandstetter die Bewegungsmuster der Hysterie: Die Hysterie als Fremdes in der eigenen Kultur wird mit Natürlichkeit und Irrationalität kodiert, dem Weiblichen zugeschrieben und in der Pathosformel[191] der rasenden Mänade verkörpert.[192] Der Ich-Verlust wird in den Ausdrucks- und Bewegungsmustern des hysterischen Anfalls dargestellt. Beides zusammen, der hysterische Anfall und der Mänadentanz, symbolisieren Entgrenzung. Beides sind Körperbilder, die

„als Leseformeln mentalitätsgeschichtlicher und ästhetischer Einstellungen, [...] einen wesentlichen Beitrag zum Verständnis der Konstitution des Subjekt-Begriffs [leisten]; [...] sie erscheinen [...] als die wesentlichen, im Bereich der Kunst ‚greifbaren' Indikatoren über die Vorstellungen von Individualität und über die Grenzen des Individuums".[193]

Elektras Mänadentanz kann, in Analogie zum hysterischen Anfall gesetzt, als Entgrenzung interpretiert werden, als innere Grenzüberscheitung, die die Ich-Auflösung symbolisch darstellt und schließlich zur Selbstvernichtung führt. Elektras Tanz verweist auf vielerlei Konnotationen. Es ist ein ‚unheimlicher Tanz', gleichzeitig ein Freudentanz als Reigen gedacht: „weil ich den Reigen führen muß"(E: 110) und schließlich auch ein Totentanz, dessen Anlass ein Mord ist und der in Elektras Untergang sein Ende findet. Elektras Zusammenbruch steht im Zeichen der Selbstauslöschung: „Sie tut noch einige Schritte des angespanntesten Triumphes und stürzt zusammen."(E: 110) Es ist die tragische Erfüllung ihres Wahns und zugleich ihres Selbst, die in der Vollendung ihres Lebensinhaltes an ihre Grenze angelangt ist. Die Vergangenheit ist abgeschlossen und Elektras Leben, das auf sie ausgerichtet war, zuende.

---

[191] Aby Warburg geht davon aus, „daß in bestimmten, leidenschaftlichen, von ‚Urtrieben' emotional aufgeladenen Ausdrucksgebärden der Kunst ein Prozeß der kulturellen und distanzierenden Bewältigung der triebhaften Handlung – in Form der Bannung ins Bild – seinen symbolischen Niederschlag gefunden hat." „Die Pathosformel ist [...] eine symbolische Distanzierung und eine Körper-Bildform der Integration des angsterzeugenden Chaos des Triebeinbruchs; und doch werden die Ängste und Leidenschaften in der Bild-Bannung, in der teilweisen Löschung ihrer bedrohlichen Elemente, immer noch ins Gedächtnis gebracht." Vgl. Brandstetter, Gabriele: Tanz-Lektüren. Körperbilder und Raumfiguren der Avantgarde. Frankfurt a. M.: Fischer Verlag 1995, S. 44.
[192] Brandstetter (1995): 182.
[193] Brandstetter (1995): 43.

Der hysterische Anfall bei „Fräulein Else" bahnt sich mit der Zuspitzung des Konflikts und dessen Unverträglichkeit mit ihrem Selbst an. In ihm tritt Elses innere Brüchigkeit offen zu Tage. Else gerät im Laufe des Abends durch das Anrücken ihres geplanten Auftritts in einen erregten Zustand, der sich steigert. Anspannung, Nervosität und Verwirrung bestimmen die Situation. Zerrissen zwischen dem Pflichtgefühl, den Auftrag zu erfüllen und dem Verlangen umzukehren, geistert sie durchs Hotel: „Ich muß diesen verfluchten Herrn von Dorsday finden. Nein, ich muß in mein Zimmer zurück..."(FE: 369). Else ist verwirrt und ängstlich. „Wo bin ich? Schon in der Halle? Wie bin ich daher gekommen? [...] Warum sehen mich die beiden Damen an? Merken sie was? Warum bin ich denn da? Bin ich verrückt?"(FE: 368) Sie gerät außer sich, ist panisch und zerstreut. Ihre Gedanken purzeln durcheinander. Es entsteht eine Gedächtnislücke: „Warum laufe ich denn so? Nur langsam, langsam... Was will ich denn? [...] Die Holländer sehen mich an. Ganz hübsch die Tochter. Der alte Herr hat eine Brille, eine Brille, eine Brille... Fünfzigtausend. Es ist ja nicht so viel."(FE: 371)
Dieser Vorspann verdeutlicht Elses innere Entwicklung hin zum Wahnzustand. Als sie im Klavierzimmer auf Dorsday trifft, ist sie fassungslos: „Ich verzehre mich – ich werde verrückt – ich bin tot – und er hört einer fremden Dame Klavierspielen zu."(FE: 371) Deutlich wird hier vorgeführt, wie Else an ihre Grenze stößt. Zwanghaft versucht sie die Selbstkontrolle zu bewahren. „Da bin ich. Ich bin ganz ruhig. Ich lächle."(FE: 372) Doch die Situation, der sie sich ausgesetzt hat, ist unvereinbar mit ihrem Selbst. Die Wahrnehmungsstörung macht sich bemerkbar, die dem kommenden Anfall vorausgeht. Sie verweist darauf, dass Else ihren Realitätssinn verliert. „Verstehen sie meinen Blick? Sein Auge spricht zu mir: komm! Sein Auge spricht: ich will dich nackt sehen."(FE: 372) Else lässt ihren Mantel fallen und präsentiert sich in ihrer Nacktheit, die sie anfänglich als körperlichen Genuss empfindet. „Es rieselt durch meine Haut. Die Dame spielt weiter. Köstlich rieselt es durch meine Haut. Wie wundervoll ist es nackt zu sein."(FE: 372) Die Unvereinbarkeit ihrer Lust an der Exhibition mit ihrem Selbst, führt zu ihrer Entäußerung, so dass ihr abgespaltenes Beobachter-Ich entsetzt feststellen muss, dass sie hysterisch lacht, ohne es beeinflussen zu können: „Wer lacht denn da? Ich selber? ‚Ha, ha, ha!' Was sind denn das für Gesichter um mich? ‚Ha, ha, ha!' Zu dumm, daß ich lache. Ich will nicht lachen, ich will nicht."(FE: 373) Else hat sich nicht mehr unter Kontrolle und sieht sich in ihrem Verhalten in einem Zustand der Dissoziation zu, wie er für die Hysterikerin charakteristisch ist. Daraufhin folgt ein Ohnmachtsanfall, in dem sie das Bewusstsein behält. „Was habe ich getan? Ich falle um. Alles ist vorbei."(FE: 373)
Schnitzler präsentiert die Hysterie in „Fräulein Else", indem er auf das hysterische Lachen und den Ohnmachtsanfall, zwei Charakteristiken des

hysterischen Ausdrucks, zurückgreift. Obwohl Elses hysterischer Auftritt ihren Untergang einleitet und somit eine negative Besetzung erfährt, liegt in ihm der positive Aspekt der Auflehnung, da er es Else ermöglicht, die Fäden in die Hand zu nehmen und Dorsdays Plan zu durchkreuzen. Er ist zweischneidig in jeglicher Hinsicht, innerlich und äußerlich – es ist der Versuch, einen Kompromiss einzugehen. Else versucht, den Anforderungen zu genügen, zu entsprechen und sich gleichzeitig ein Minimum an Ehre und Würde zu bewahren. Ihre Handlung ist in jeglicher Hinsicht eine Überschreitung, die Übertretung einer gesellschaftlichen Norm und eines inneren Vermögens, die sie an die Grenzen ihres Selbst stoßen lässt und deren Folge der Zusammenbruch ist. Gleichzeitig ist ihr hysterischer Auftritt die Erfüllung eines gängigen Weiblichkeitsklischees, das darauf hindeutet, dass den weiblichen Figuren in der Literatur nur der Ausweg in den Wahn oder den Tod bleibt. Eben dadurch, dass ihre Handlung unverstanden bleibt und sie allein den Preis zu zahlen hat, wird Else zu einer tragischen Gestalt.

Beide hysterischen Äußerungen, Elektras Tanz und besonders Elses Anfall, stellen eine Form der Übertretung dar, in der die Erfahrung der Überschreitung einer inneren Grenze zum Ausdruck gebracht wird, die beide Figuren mit dem Tod bezahlen. Die Erfahrung, die aufgezeigt wird, liegt im Bereich des Unmöglichen. Sie veranschaulicht eine schmerzvolle und unumschränkte Erfahrung der Überschreitung, in der die eigene Begrenztheit entdeckt, „die Leere dieser Überschreitung", wie bei Else erfahren wird und in der aber auch, wie bei Elektra, sich die Welt in der Grenzerfahrung entfaltet, „im Exzeß bildet, der die Grenze übertritt"[194]

Übertretung kommt nach Michel Foucault der Infragestellung gleich. „Infragestellen heißt, bis in die leere Mitte vordringen, bis dahin, wo das Sein an seine Grenze gelangt und bis dahin, wo die Grenze das Sein bestimmt."[195] Der Rekurs auf die Hysterie kann als ein Versuch von dieser Erfahrung zu sprechen gedeutet werden. Indem die Hysterie „im Leerraum des Versagens ihrer [der Hysterikerin] Sprache" erscheint, „da, wo ihr die Worte fehlen, da, wo das sprechende Subjekt entschwindet", gibt es neben der Sprache „eine Sprache [...], die spricht, über die [das hysterische Subjekt] nicht Herr ist, eine Sprache die sich bemüht, die scheitert, die schweigt"[196]. Die Übertretung zeigt, „daß wir dieser Haupterfahrung, die sie uns einbringt, unmöglich eine Sprache geben können"[197]. Diese Erfahrungsmomente, die in der Hysterie – die als averbales Ausdrucksmittel Körpersprache ist – enthalten sind, finden sich in

---

[194] Foucault, Michel: Schriften zur Literatur. Aus dem Franz. übersetzt von Karin von Hofer. München: Nymphenburger Verlagshandlung 1974, S. 72.
[195] Vgl. Foucault (1974): 75.
[196] Vgl. Foucault (1974): 80.
[197] Vgl. Foucault (1974): 87.

beiden Werken wieder und können als das spezifisch Moderne, das den Werken inhärent ist, betrachtet werden.

Es ist der Bruch zwischen Denken, Sprechen und Sein, der im hysterischen Auftritt von Else und Elektra seine metaphorische Darstellung findet und in seiner radikalen Vollendung in der Ich-Auflösung mündet. Die Auflösung des Ich ist weniger in einem schmerzhaften Trauma begründet, als darin, das eigene Scheitern in seiner Gänze zu erfahren, das heißt über das eigene Unvermögen, den eigenen Wahn zu trauern und einen Ausgang aus ihm zu finden, aus der radikalen Infragestellung wieder herauszufinden.

Schluss

In dieser Arbeit wurde das Ineinandergreifen wissenschaftlicher Erkenntnisse auf dem Gebiet der Psychologie und ausgewählten literarischen Texten der Wiener Moderne untersucht. Für den wissenschaftsgeschichtlichen Teil der Arbeit wurden die „Studien über Hysterie" von Josef Breuer und Sigmund Freud herangezogen.
Freud sieht die Ursache der Hysterie in Verlust, Mangel und Schmerz, demnach kann sie als ein „Erkranken an der Trauer" betrachtet werden. In den Studien hat er die Ätiologie der Hysterie an eine ‚Reminiszenz' – eine traumatische Erinnerung – gebunden, aus der sich ableiten lässt, dass die Hysterie auf eine nicht gelungene Trauerarbeit zurückzuführen ist.
Aus der Analyse der ‚Studien' wurde der Zusammenhang dreier Begriffe ersichtlich, die psychische Vorgänge bezeichnen und miteinander verwoben sind: Hysterie, Trauer und Erinnerung. Dasselbe Zusammenspiel von Hysterie, Trauer und Erinnerung findet sich als Grundthema in den untersuchten literarischen Werken wieder.
Es zeigte sich, dass Verlust, Schmerz und Verwundungen in „Fräulein Else" und „Elektra" die Situation der Figuren kennzeichnen und damit auf das Phänomen der Trauer verweisen. Im Zusammenhang mit der Trauer spielt die Erinnerung eine ebenso zentrale Rolle, wie in der Hysterie.
Hinsichtlich der unterschiedlichen Verfahrensweise der Autoren ergaben sich jedoch Differenzen in der Thematisierung und Darstellung von Hysterie, Trauer und Erinnerung:
Arthur Schnitzlers künstlerisches Verfahren wurde mit dem Begriff ‚Psychopoetik der Erinnerung' beschrieben, da die bei ‚Fräulein Else' ausbrechende Hysterie eine Folgereaktion auf die gesellschaftlichen Zwänge ist, denen sich Else ausgesetzt sieht. Womit es die äußeren Umstände sind, die zunehmend auf Else einwirken und zum hysterischen Anfall führen. Schnitzler entwirft also eine ‚Poetik' der Erinnerung, in der sich die individuelle Pathologie in eine gesellschaftliche verkehrt.
Ein anderes Konzept verwendet Hugo von Hofmannsthal; unter der Bezeichnung ‚Psychopathologie der Erinnerung' wurden die unterschiedlichen Formen des individuellen Umgangs mit Vergangenheit, und ihre pathologischen Ausprägungen zusammengefasst.
Beide Autoren schreiben ein ‚Seelendrama' in dem die Frage nach dem adäquaten Umgang mit Vergangenheit und Wandel – der Vorbedingung des Lebens ist – dahingehend beantwortet wird, dass der Schlüssel dazu im richtigen Umgang mit der Erinnerung zu finden ist.
Der Schluss beider Werke führt den Untergang der Protagonistinnen vor, der im Zeichen der Hysterie steht und auf eine Grenzüberschreitung hinweist. Die

Grenzüberschreitung zeigt den Erfahrungshorizont, der beiden Werken inne liegt, auf. In ihr manifestiert sich der für die Wiener Moderne charakteristische Bruch zwischen Denken, Sprechen und Sein in seiner radikalen Vollendung und seiner letzten Konsequenz.

Wie sich an Hand der beiden Werke gezeigt hat, sind die Phänomene Hysterie, Trauer und Erinnerung unterschiedlich behandelt worden, stehen aber in einem analogen Sinnzusammenhang: Sie sind zwei verschiedene Möglichkeiten mittels Literatur ‚Schmerz und Erinnerung in der Wiener Moderne' zu thematisieren.

Literaturverzeichnis

Primärliteratur

Breuer, Josef; Freud, Sigmund: Studien über Hysterie. Einl. v. Stavros Mentzos. Frankfurt a. M.: Fischer Verlag 1991 (3. korr. Aufl.)

Freud, Sigmund: „Trauer und Melancholie." In: Sigmund Freud. Studienausgabe. Bd. 3. Hg. v. Alexander Mitscherlich, Angela Richards u. James Strachey. Frankfurt a. M.: S. Fischer 2000, S. 194-212.

— : „Die Verdrängung." In: Sigmund Freud. Studienausgabe. Bd. 3. Hg. v. Alexander Mitscherlich, Angela Richards u. James Strachey. Frankfurt a. M.: S. Fischer 2000, S. 105-118.

— : „Über den psychischen Mechanismus hysterischer Phänomene." In: Sigmund Freud. Studienausgabe. Bd. 6. Hg. v. Alexander Mitscherlich, Angela Richards u. James Strachey. Frankfurt a. M.: S. Fischer 2000, S. 13-24.

— : „Zur Ätiologie der Hysterie." In: Sigmund Freud. Studienausgabe. Bd. 6. Hg. v. Alexander Mitscherlich, Angela Richards u. James Strachey. Frankfurt a. M.: S. Fischer 2000, S. 53-82.

— : „Bruchstück einer Hysterie-Analyse." In: Sigmund Freud. Studienausgabe. Bd. 6. Hg. v. Alexander Mitscherlich, Angela Richards u. James Strachey. Frankfurt a. M.: S. Fischer 2000, S. 87-186.

— : „Das Ich und das Über-Ich. (Ichideal)" In: Sigmund Freud. Studienausgabe. Bd. 3. Hg. v. Alexander Mitscherlich, Angela Richards u. James Strachey. Frankfurt a. M.: S. Fischer 2000, S. 296-307.

— : „Zur Psychotherapie der Hysterie." In: Sigmund Freud. Studienausgabe. Erg.-Bd. Hg. v. Alexander Mitscherlich, Angela Richards u. James Strachey. Frankfurt a. M.: S. Fischer 2000, S. 49-98.

Hofmannsthal, Hugo von: „Elektra" In: Hugo von Hofmannsthal. Sämtliche Werke. Bd. 7. (Dramen 5). Hg. v. Klaus E. Bohnenkamp u. Mathias Mayer. Frankfurt a. M.: Fischer Verlag 1997 (Krit. Ausgabe)

— : „Ein Brief". In: Ders. Sämtliche Werke, Bd. 31 (Erfundene Gespräche und Briefe). Hg. v. Ellen Ritter. Frankfurt a. M.: Fischer Verlag 1991 (Krit. Ausgabe)

Richard Strauss – Hugo von Hofmannsthal. Briefwechsel. (Gesamtausgabe.) Hg v. Willi Schuh. Zürich: Atlantis Verlag 1964 (4., erg. Aufl.)

Schnitzler, Arthur: „Fräulein Else" In: Arthur Schnitzler. Gesammelte Werke. (Die Erzählenden Schriften.) Bd. 2. Frankfurt a. M.: Fischer Verlag 1961

— : Gesammelte Werke. (Die Dramatischen Werke.) Bd. 1. Frankfurt a. M.: Fischer Verlag 1962

— : Gesammelte Werke. (Aphorismen und Betrachtungen.) Hg. v. Robert O. Weiss. Frankfurt a. M.: Fischer Verlag 1967

Sekundärliteratur

Abraham, Nicolas u. Torok, Maria: The Shell and the Kernel. Renewals of Psychoanalysis. Vol. 1. Ed. & translated by Nicolas Rand. London, Chicago: University of Chicago Press 1994 (Flammarion 87. L'écorce et le noyeau)

Assmann, Aleida: Erinnerungsräume. Formen und Wandlungen des kulturellen Gedächtnisses. München: Beck 1999

— : „Stabilisatoren der Erinnerung – Affekt, Symbol, Trauma." In: Die dunkle Spur der Vergangenheit. Psychoanalytische Zugänge zum Geschichtsbewußtsein. Hg. v. Jörn Rüsen u. Jürgen Straub. Frankfurt a. M.: Suhrkamp 1998, S. 131-152.

Assmann, Jan: Das kulturelle Gedächtnis. Schrift, Erinnerung und politische Identität in frühen Hochkulturen. München: Beck 1999 (2. Aufl.)

Baumann, Zygmunt: Moderne und Ambivalenz. Das Ende der Eindeutigkeit. Hamburg 1992

Beller, Steven: „Die Position der jüdischen Intelligenz in der Wiener Moderne." In: Die Wiener Jahrhundertwende. Einflüsse, Umwelt, Wirkungen. Hg. v. Jürgen Nautz und Richard Vahrenkamp. Wien, Köln, Graz: Böhlau 1993, S. 710-719.

Bohrer, Karl-Heinz: „Abschied. Eine Reflexionsfigur des je schon Gewesenen." In: Das Ende. Figuren einer Denkform. Hg. v. Karlheinz Stierle u. Rainer Warning. München: Fink 1996 (Poetik und Hermeneutik 16)

Brandstetter, Gabriele: Tanz-Lektüren. Körperbilder und Raumfiguren der Avantgarde. Frankfurt a. M.: Fischer Verlag 1995

Braun, Christina von: „Die Erotik des Kunstkörpers." In: Lulu, Lilith, Mona Lisa... Frauenbilder der Jahrhundertwende. Hg. v. Irmgard Roebling. Pfaffenweiler: Centaurus-Verlagsgesellschaft 1988/89, S.1-17.

— : „Kollektives Gedächtnis und individuelle Erinnerung. Selbst- und Fremdbilder unter der Einwirkung von Photographie und Film." In: Kunstforum International, Bd. 128, Okt.-Dez., Köln: 1994, S.156-165.

— : „Männliche Hysterie – Weibliche Askese. Zum Paradigmenwechsel in den Geschlechterrollen." In: Das Sexuelle, die Frauen und die Kunst. Konkursbuch 20. Hg. v. Karin Rick. Tübingen: Verlag Claudia Gehrke 1987, S. 10-38.

— : „'Frauenkrankheiten' als Spiegelbild der Geschichte". In: Von der Auffälligkeit des Leibes. Hg. v. Farideh Akashe-Böhme. Frankfurt a. M.: Suhrkamp 1995, S.98-129.

— : Nicht-Ich. Frankfurt a. M.: Verlag Neue Kritik 1999 (7. Aufl.)

Bronfen, Elisabeth: „Die Vorführung der Hysterie." In: Identitäten. Erinnerung, Geschichte, Identität 3. Hg. v. Aleida Assmann u. Heidrun Friese. Frankfurt a. M.: Suhrkamp 1999 (2. Aufl.), S. 232-268.

— : „Weibliches Sterben an der Kultur. Arthur Schnitzlers ‚Fräulein Else'." In: Die Wiener Jahrhundertwende. Einflüsse, Umwelt, Wirkungen. Hg. v. Jürgen Nautz u. Richard Vahrenkamp. Wien, Köln, Graz: Böhlau 1993, S. 464-480.

— : „Mourning becomes Hysteria. Zum Verhältnis von Trauerarbeit zur Sprache der Hysterie." In: Trauer tragen – Trauer zeigen. Inszenierungen der Geschlechter. Hg. v. Gisela Ecker. München Fink 1999, S. 31-5 3.

Burke, Peter: „Geschichte als soziales Gedächtnis." In: Mnemosyne. Formen und Funktionen der kulturellen Erinnerung. Hg. v. Aleida Assmann u. Dietrich Harth. Frankfurt a. M.: Fischer 1991, S. 289-303.

Butler, Judith: Das Unbehagen der Geschlechter. (Aus dem Amerkanischen von Kathrina Menke) Frankfurt a. M.: Suhrkamp 1991

Chartier, Roger: Die unvollendete Vergangenheit. Geschichte und die Macht der Weltauslegung. (Aus dem Franz. von Ulrich Raulff.) Berlin: Wagenbach Verlag 1989.

Die dunkle Spur der Vergangenheit. Psychoanalytische Zugänge zum Geschichtsbewußtsein. Erinnerung, Geschichte, Identität 2. Hg. v. Jörn Rüsen u. Jürgen Straub. Frankfurt a. M.: Suhrkamp 1998

Die verletzte Diva. Hysterie, Körper, Technik in der Kunst des 20. Jahrhunderts. Hg. v. Silvia Eiblmayr, Dirk Snauwaert Ulrich Wilmes, Matthias Winzen. Köln: Oktagon 2000

Die Wiener Jahrhundertwende. Einflüsse, Umwelt, Wirkungen. Hg. v. Jürgen Nautz u. Richard Vahrenkamp. Wien, Köln, Graz: Böhlau 1993

Eder, Franz X.: „,Diese Theorie ist sehr delikat...' Zur Sexualisierung in der Wiener Moderne." In: Die Wiener Jahrhundertwende. Einflüsse, Umwelt, Wirkungen. Hg. v. Jürgen Nautz u. Richard Vahrenkamp. Wien, Köln, Graz: Böhlau 1993, S. 159-178.

Emotionalität. Zur Geschichte der Gefühle. Hg. v. Claudia Benthien, Anne Fleig u. Ingrid Kasten. Köln, Weimar, Wien: Böhlau 2000

Fliedl, Konstanze: Arthur Schnitzler. Poetik der Erinnerung. Wien, Köln, Weimar: Böhlau 1997

Foucault, Michel: Schriften zur Literatur. (Aus dem Franz. übers. v. Karin von Hofer.) München: Nymphenburger Verlagshandlung 1974

Frank, Manfred: „Subjekt, Person, Individuum." In: Individualität. Hg. v. Manfred Frank u. Anselm Haverkamp. München: Wilhelm Fink 1988 (Poetik und Hermeneutik 13), S. 3-20.

Friese, Heidrun: „Identität: Begehren, Name und Differenz." In: Identitäten. Erinnerung, Geschichte, Identität 3. Frankfurt a. M.: Suhrkamp 1999 (2. Aufl.), S. 24-43.

Funk, Julika: „Maske – Grenze – Geschlecht. Bemerkungen zur Lesbarkeit von Geschlechterdifferenz im kulturellen Gedächtnis der Moderne." In: Deutsche Vierteljahrschrift für Literaturwissenschaft und Geistesgeschichte. Hg. v. Aleida Assmann, Manfred Weinberg u. Martin Windisch. 72. Jg., Sonderheft. (1998), S. 193-212.

Gölter, Waltraut: „Weg ins Freie oder Flucht in die Finsternis – Ambivalenz bei Arthur Schnitzler." In: Arthur Schnitzler in neuer Sicht. Hg. v. Hartmut Scheible München: Fink 1981, S. 241-291.

— : „Trauer, Lachen und Anderes. Überlegungen zu Text und Theorie." In: Fragmente. Schriftenreihe für Kultur-, Medien- u. Psychoanalyse. (Melancholie und Trauer.) Hg. v. Ulrich A. Müller. 44/45, o. J., S. 39-59.

Große Gefühle. Bausteine menschlichen Verhaltens. Hg. v. ZDF-nachtstudio. Frankfurt a. M.: Suhrkamp 2000

Günter, Andrea: Literatur und Kultur als Geschlechterpolitik: Feministischliteraturwissenschaftliche Begriffswelten und ihre Denk(t)räume. Königstein/Taunus: Helmer 1997

Hart Nibbrig, Christiaan L.: Die Auferstehung des Körpers im Text. Frankfurt a. M.: Suhrkamp 1985

Heidbrink, Ludger: Melancholie und Moderne. Zur Kritik der historischen Verzweiflung. München: Fink 1994

Hirsch, Alfred: „Ethik der Trauer. Der Entzug des Anderen." In: Entzauberte Zeit. Der melancholische Geist der Moderne. Hg. v. Ludger Heidbrink. München, Wien: Hanser 1997

Hirsch, Rudolf: „Zwei Briefe über den ‚Schwierigen'." In: Hofmannsthal-Blätter, Veröffentlichungen der Hugo von Hofmannsthal-Gesellschaft. Folge 2, H. 7, (1971), S. 70-76.

Identitäten. Erinnerung, Geschichte, Identität 3. Hg. v. Aleida Assmann u. Heidrun Friese. Frankfurt a. M.: Suhrkamp 1999 (2. Aufl.), S.11-23.

Identitätskonstruktionen. Das Patchwork der Identitäten in der Spätmoderne. Hg. v. Heiner Keupp, Thomas Ahbe, Wolfgang Gmür, Renate Höfer, Beate Mitzscherlich, Wolfgang Kraus, Florian Straus. Reinbek: Rowohlt 1999

Israel, Lucien: Die unerhörte Botschaft der Hysterie. (Aus dem Franz. v. Peter Müller u. Peter Posch) München, Basel: Reinhardt 1987 (2. verb. Aufl.)

Janik, Allan; Toulmin, Stephen: Wittgensteins Wien. (Aus dem Amerikanischen von Reinhard Merkel) München, Wien: Carl Hanser Verlag 1984

Kettner, Matthias: „Nachträglichkeit. Freuds brisante Erinnerungstheorie." In: Die dunkle Spur der Vergangenheit. Psychoanalytische Zugänge zum Geschichtsbewußtsein. Erinnerung, Geschichte, Identität 2. Hg. v. Jörn Rüsen u. Jürgen Straub. Frankfurt a. M.: Suhrkamp 1998, S. 33-69.

Lange-Kirchheim, Astrid: „Adoleszenz, Hysterie und Autorschaft in Arthur Schnitzlers Novelle ‚Fräulein Else'." In: Jahrbuch der deutschen Schillergesellschaft. Hg. v. Wilfried Barner, Walter Müller-Seidel, Ulrich Ott. 42. Jg. (1998) Stuttgart: Alfred Kröner Verlag, S.265-300.

LeRider, Jacques. Das Ende der Illusion. Die Wiener Moderne und die Krisen der Identitäten. Wien: ÖBV Publikumsverlag 1990

— : Hugo von Hofmannsthal. Historismus und Moderne in der Literatur der Jahrhundertwende. (Aus dem Franz. v. Leopold Federmair.) Wien, Köln, Weimar: Böhlau 1997

Lersch-Schumacher, Barbara: „‚Ich bin nicht mütterlich'. Zur Psychopoetik der Hysterie in Schnitzlers ‚Fräulein Else'." In: Text u. Kritik. Arthur Schnitzler. Hg. v. Heinz Ludwig Arnold. H. 138/139, Apr. (1998) (Zeitschrift für Literatur), S. 76-88.

Lindhoff, Lena: Einführung in die feministische Literaturtheorie. Stuttgart: Metzler 1995

Marschall, Susanne: TextTanzTheater. Eine Untersuchung des dramatischen Motivs und theatralen Ereignisses ‚Tanz' am Beispiel von Frank Wedekinds Büchse der Pandora und Hugo von Hofmannsthals Elektra. Frankfurt a. M., Berlin, Bern, N. Y., Paris, Wien: Peter Lang 1996 (Studien zur Dt. u. Europ. Literatur des 19. und 20. Jahrhunderts. Hg. v. Dieter Kafitz, Franz Norbert Mennemeier u. Erwin Rotermund) (Diss.)

Marshall Ward, Philip: „Hofmannsthal, *Elektra* and the Representation of Women's Behavior Through Myth." In: German Life and Letters (New Series) Vol. 53, No. 1, Jan. (2000), S. 37-55.

Martens, Lorna: „The Theme of the Repressed Memory in Hofmannsthal's *Elektra*." In: The German Quarterly. Vol. 60, No. 1, Winter (1987), S. 38-51.

Mattenklott, Gert: „Jettchen Gebert und das Schtetl. Jüdische Lebenswelten in der deutschen Literatur." In: Jüdische Lebenswelten. Essays. Hg. v. Andreas Nachama, Julius H. Schoeps u. Edward van Hoolen. Berliner Festspiele. Frankfurt a. M.: Jüdischer Verlag – Suhrkamp 1991 (Ausstellung 12. Januar bis 26. April 1992), S.221-238.

Mautner, Fritz: Sprache und Leben. Hg. v. Gersholm Weiler.o. O. 1986

Mayer, Mathias: „Hofmannsthals *Elektra*: Der Dichter und die Meduse." In: Zeitschrift für deutsche Philologie. Bd.110, H. 2, (1991), S. 230-247.

Mentzos, Stavros: Hysterie. Zur Psychodynamik unbewußter Inszenierungen. Frankfurt a. M.: Fischer 1986 (Erw. Ausg.)

Morris, David B.: Geschichte des Schmerzes. Frankfurt a. M.: Suhrkamp Verlag 1996 (The Culture of Pain)

Nautz, Jürgen; Vahrenkamp, Richard: „Einleitung." In: Die Wiener Jahrhundertwende. Einflüsse, Umwelt, Wirkungen. Hg. v. Jürgen Nautz u. Richard Vahrenkamp. Wien, Köln, Graz: Böhlau 1993, S. 21-48.

Mnemosyne. Formen und Funktionen der kulturellen Erinnerung. Hg. v. Aleida Assmann u. Dietrich Harth. Frankfurt a. M.: Fischer 1991.

Oexle, Otto G.: „Memoria als Kultur." In: Memoria als Kultur. Hg. v. Otto G. Oexle. Göttingen: Vandenhoeck u. Ruprecht 1995, S.9-78.

Politzer, Heinz: „Hugo von Hofmannsthals ‚Elektra'. Geburt der Tragödie aus dem Geiste der Psychopathologie." In: Deutsche Vierteljahrsschrift für Literaturwissenschaft und Geistesgeschichte. 47. Jg., H. 1, (1973), S. 95-119 (Metzlersche Verlagsbuchhandlung, Stutt.)

Reijen, Willem van: „Das unrettbare Ich." In: Die Frage nach dem Subjekt. Hg. v. Manfred Frank, Gérard Raulet u. Willem van Reijen. Frankfurt a. M.: Suhrkamp 1988, S. 373-400.

Schaps, Regina: Hysterie und Weiblichkeit. Wissenschaftsmythen über die Frau. Frankfurt a. M., N. Y.: Campus Verlag 1992

Schlesier, Renate: Konstruktionen der Weiblichkeit bei Sigmund Freud: Zum Problem von Entmythologisierung und Remythologisierung in der psychoanalytischen Theorie. Frankfurt a. M.: Europäische Verlagsanstalt 1981

Schuller, Marianne: „,Weibliche Neurose' und ‚kranke Kultur'. Zur Literarisierung einer Krankheit um die Jahrhundertwende." In: Dies.: Im Unterschied. Lesen. Korrespondieren. Adressieren. Frankfurt a. M.: Verlag Neue Kritik 1990, S. 13-95.

Straub, Jürgen: „Personale und kollektive Identität. Zur Analyse eines theoretischen Begriffs." In: Identitäten. Erinnerung, Geschichte, Identität 3. Frankfurt a. M.: Suhrkamp 1999 (2. Aufl.), S. 24-43.

Timms, Edward: „Die Wiener Kreise. Schöpferische Interaktionen in der Wiener Moderne." In: Die Wiener Jahrhundertwende. Einflüsse, Umwelt, Wirkungen. Hg. v. Jürgen Nautz u. Richard Vahrenkamp. Wien, Köln, Graz: Böhlau 1993, S. 128-143.

Trauer tragen – Trauer zeigen. Inszenierungen der Geschlechter. Hg. v. Gisela Ecker. München: Fink 1999

Wagner, Peter: „Fest-Stellungen. Betrachtungen zur sozialwissenschaftlichen Diskussion über Identität." In: Identitäten. Erinnerung, Geschichte, Identität 3. Frankfurt a. M.: Suhrkamp 1999 (2. Aufl.), S. 24-43.

Weickmann, Dorion: Rebellion der Sinne. Hysterie – ein Krankheitsbild als Spiegel der Geschlechterordnung (1880 – 1920). Frankfurt a. M., N. Y.: Campus Verlag 1997

Weigel, Sigrid: „‚Das Weibliche als Metapher des Metonymischen.' Kritische Überlegungen zur Konstitution des Weiblichen als Verfahren oder Schreibweise." In: Frauensprache – Frauenliteratur? Für und Wider einer Psychoanalyse literarischer Werke. Hg. v. Inge Stephan u. Carl Pietzcker. Tübingen: Max Niemeyer 1986 (Akten des VII. Internat. Germanisten-Kongresses, Bd. 6, Göttingen 1985), S. 108-118.

— : „‚Frauen' und ‚Juden' in Konstellationen der Modernisierung - Vorstellungen und Verkörperungen der ‚internen Anderen'. Ein Forschungsprogramm." In: Jüdische Kultur und Weiblichkeit in der Moderne. Hg. v

Inge Stephan, Sabine Schilling u. Sigrid Weigel. Köln, Weimar, Wien 1994,

Weinhold, Ulrike: „Arthur Schnitzler und der weibliche Diskurs. Zur Problematik des Frauenbilds der Jahrhundertwende." In: Jahrbuch für Internationale Germanistik, 19. Jg., H. 1, 1987 (Lang), S. 110-145.

Weinrich, Harald: Lethe. Kunst und Kritik des Vergessens. München: Beck 1997

Worbs, Michael: Nervenkunst: Literatur und Psychoanalyse im Wien der Jahrhundertwende. Frankfurt a. M.: Europäische Verlagsanstalt 1983

Wunberg, Gotthart: „Depersonalisation und Bewußtsein im Wien des frühen Hofmannsthal." In: Literatur und Schizophrenie: Theorie und Interpretation eines Grenzgebiets. Eingeleit. u. hg. v. Winfried Kudszus. München: Dt. Taschenbuch-Verlag; Tübingen: Niemeyer 1977

— : „Fin de siècle in Wien. Zum bewußtseingeschichtlichen Horizont von Schnitzlers Zeitgenossenschaft." In: Text + Kritik. Arthur Schnitzler. Hg. v. H. L. Arnold. H. 138/139, April (1998) (Zeitschrift für Literatur), S. 3-23

— : „Mnemosyne. Literatur unter den Bedingungen der Moderne: ihre technik- und sozialgeschichtliche Begründung." In: Mnemosyne. Formen und Funktionen der kulturellen Erinnerung. Hg. v. Aleida Assmann u. Dietrich Harth. Frankfurt a. M.: Fischer 1991, S. 83-100.

Zetzel, Elisabeth R.: „Zum Krankheitsbild der Depression." In: Melancholie. Hg. v. Lutz Walther. Leipzig: Reclam Verlag 1999

Hilfsmittel

Das Vokabular der Psychoanalyse. Hg. v. Jean Laplanche u. Jean-Bertrand Pontalis. (Aus dem Franz. v. Emma Moersch) Frankfurt a. M.: Suhrkamp 1994 (12. Aufl.)

Diskurstheorien und Literaturwissenschaft. Hg. v. Jürgen Fohrmann u. Harro Müller. Frankfurt a. M.: Suhrkamp 1988

GENUS. Zur Geschlechterdifferenz in den Kulturwissenschaften. Hg. v. Hadumod Bußmann u. Renate Hof. Stuttgart: Alfred Kröner Verlag 1995

Literaturwissenschaftliche Theorien, Modelle und Methoden: Eine Einführung. Hg. v. Ansgar Nünning. Trier: WVT 1998 (3., verb. u. erw. Aufl.)

New Historicism. Literaturgeschichte als Poetik der Kultur. Hg. v. Moritz Baßler. Frankfurt a. M.: Fischer Verlag 1995

Orientierung Kulturwissenschaft. Was sie kann, was sie will. Hg. v. Hartmut Böhme, Peter Matussek, Lothar Müller. Reinbek bei Hamburg: Rowohlt Verlag 2000